発達障害？ グレーゾーン？

こどもへの接し方に悩んだら読む本

愛着障害の専門家が伝えたい
一番大切なこと

和歌山大学教育学部教授
臨床発達心理士スーパーバイザー
米澤好史

フォレスト出版

はじめに

こどもの困った行動はなぜ起こる？

こどもの困った行動は、何が原因？

わが子の振るまいについイライラしたり、強く叱ってしまったり……。また怒鳴ってしまった、言い過ぎたと、罪悪感を覚えてしまう。このようなことは、親であれば誰にだってあるものです。そもそも思いどおりにならないのが子育てですから、自分を責める必要はありません。

ただ近年は、大人から見た「困った行動」をするこどもが、増えていることも事実です。

・大人の言うことを聞こうとせず、だだをこねたり、泣き叫んだりする
・してはいけないことを指摘されても、受け入れられない、謝れない
・注意されたり叱られたりすると、よけいに困った行動が増える
・望むことをしてもらっても、満足できず、もっとしてと要求する
・「どうせ無理」と、行動する前から諦めてやろうとしない
・友だちとトラブルになると、わるいのは自分ではなく相手だと主張する
・じっと座っておられずに走り回り、追いかける大人を見てさらに逃げ回る
・他の子の弱点や欠点を「やーい！」とはやし立てる

こうしたこどもの困った行動を見聞きし、「もしかして発達障害なんじゃないか……」と病院へ足を運んだ方もいらっしゃるかもしれません。

ですが、現在の診察の現場では、発達障害かのような行動が目立つこどもも、実際に「発達障害」だと診断されるケースはさほど多くありません。ほとんどの場合「グレーゾーン」や「経過観察」と告げられます。

グレーゾーンとは「発達障害の特性が見られるけれど、診断基準には満たない状態」の通称です。

専門家に助けを求めても、曖昧な答えしか返ってこない。「じゃあ、結局どう対応すればいいの？」と途方に暮れている方も少なくないのではないでしょうか。

↓ その行動、本当に発達障害？

さて、自己紹介が遅れました。私は、臨床発達心理学・実践教育心理学を専門とし、とくに「愛着の問題」を抱えるこどもたちの発達支援を行っています。

連日、保育園や幼稚園、小中高や支援学校、医療福祉施設など子育ての現場に足を運び、何千、何万というこどもたちを直接見てきました。

前述したようなこどもたちの行動は、一見すると発達障害をもつこどもの行動ととてもよく似ています。でも、実は**愛着の問題を抱えるこどもたちの典型的な姿**なのです。

しかし、愛着の問題は専門家のあいだでもまだ共有しきれていないため、誤って発達障害と診断されたり、グレーゾーンと見なされるケースも少なくありません。

本当は愛着の問題なのに、発達障害の投薬や支援をつづけているためにまったく効果が出ない、改善しないという事例を、これまでたくさん見てきました。

何でもすぐに発達障害のせいと考えてしまうのは、間違いなのです。

そこでまずひとつ、知っておいていただきたいことがあります。

それは、**〝こどもたちの困った行動には、必ず原因と理由がある〟**ということ。

そしてその原因を探るためのカギとなるのが、「愛着の問題」という視点です。

↓

刺激が多すぎて、うまく絆《きずな》が結べない
――誰にでもある愛着の問題

では、愛着の問題とは何でしょうか。

くわしくは本編でお話ししますが、愛着とは「特定の人と結ぶ情緒的なこころの絆」のことで、この愛着の絆が育っていないのが愛着の問題だととらえるべきなのです。

そう聞くと、「えっ、じゃあ愛情不足ってこと？」「私の子育てが間違っているの？」と不安に感じるかもしれませんが、その必要はありません。

また、こどもと過ごす時間が少ないせいで愛着の問題が生じるというのも大きな誤解。そんなことは絶対にありませんので、負い目を感じたりしないでください。

愛着の問題は、多かれ少なかれ誰もが抱えているものだからです。

とはいえ近年、愛着の問題を抱えるこどもたちが急激に増えていると感じます。

その理由はさまざま考えられますが、いちばんには、今の社会は **〝こどもが絆を結ぶのを邪魔する刺激が多すぎる〟** という要因があげられます。

ゲームや動画やSNSなど、もうみんなが当たり前に使うものですし、それ自体を否定するつもりはありません。ただ、膨大な刺激が日常的にあるために、こどもたちは「自分にとっていちばん大切な関係性がどれか」を見つけられずにいるのです。

こどもだけではありません。大人の私たちだって、目の前にこどもがいるにもかかわらず、スマートフォンやタブレットを気にしながら対応することはめずらしくないかもしれませんよね。

ちょっと大げさに聞こえるかもしれませんが、人と人との絆のあり方が今、揺らいでいます。その影響が、こどもたちに及んでいるのです。

↓愛着の絆は、どのこどもにも自立の基盤

愛着の問題は、これまでさまざまに誤解を受けてきました。「乳児期に絆を結べていないと取り返しがつかない」「親の育て方の問題だ」という考え方がいまだにありますが、いずれもまったくの間違いです。

わが子には愛情を目一杯受けとってほしい。そう願わない親はいません。

愛着の問題はいわば関係性の問題ですから、いつでも結び直すことができます。

そして一度しっかりとした愛着を体験したこどもは、**自己肯定感が育まれ、人を信頼し、自立して歩みを進めることができる**ようになります。それはやがて、困難を乗り越える力へとつながります。

安定した愛着は、私たち人間が**幸せに生きていくための大きなこころの基盤**となるからです。

こどもの困った行動の原因が発達障害ゆえなのか、愛着の問題ゆえなのかは、実際

の暮らしのなかでその子を観察していれば、必ずわかります。

それまでの先入観をいったん手放し、少し視点を変えてこどもに寄り添うことができれば、その子の抱える問題が見えてくるはずです。

本書では、こどもが抱える問題の見極め方をはじめ、普段のかかわりのなかで何を意識し、どう行動すれば愛着の絆が結べ、困った行動が減っていくのかの具体的な方法をご紹介しています。

いくつかの大切なポイントさえ押さえれば、けっして難しいことはありません。

そして、もしうまくいかなくても、何度でもやり直しできるということを、どうかお忘れなく。

本書が、あなたの子育てにおいて何らかの一助となったら、これほどうれしいことはありません。

米澤　好史

こどもへの接し方に悩んだら読む本　もくじ

第2章

愛着の問題は、何歳からでも修復できる!

第３章

こどもの困った行動をまねく「まちがった」接し方

第4章
今からできる「愛情がしっかり伝わる」接し方

第5章
忙しいママ・パパのための「セルフケア」

第6章
「こどもの行動につまずいたとき」の心がけ——今すぐできる実践メソッド

ブックデザイン　都井美穂子
イラスト　クリモト（kikii）
図表　二神さやか
DTP　一企画
編集協力　山本貴緒
校正　永田和恵（剣筆舎）
企画・編集　時奈津子

第1章

こどもの行動には、必ず「理由」がある

POINT

こどもの困った行動の原因は3つに分けられる

↓

〈行動〉か〈認知〉か〈感情〉か

言うことを聞かずに文句を言ったり要求ばかりだったり、モノを投げたり壊したり、お店や乗り物で大声を出したり走り回ったり……。

こどもの困った行動を目の当たりにすると、私たち大人はつい「やめさせなくては」という思いにかられます。

けれども、まず私たち大人が注目すべきは、その子が**その行動にいたった原因と文脈**です。

実は、どんなに訳がわからないように見えることでも、**こどもの行動には、すべて理由がある**からです。

こどもを理解するためには、困った行動をリストにしてみても意味がありません。まずは、**その行動にいたった理由を探ってみる**ことからはじめてみましょう。

こどもの行動は、その子の〝こころの働き〟と連動しています。

こころの働きにはさまざまありますが、心理学では、こころを主に3つの働きとしてとらえます。

〈行動〉と〈認知（五感）〉と〈感情（気持ち）〉の3つです。

この3つのこころの働きは、互いにつながり複雑に絡み合っていますから、実際には、明確に線引きできるものではありません。グラデーションのような濃淡の問題で、3つのうちのどれが色濃くあらわれるかは、いわばその子の〝特徴〟で、個性とも言えるものです。

こどもたちの困った行動の原因も、多くの場合、この3つに分けられます。

①〈行動や動き〉そのものが原因

②〈五感〉から得た情報のとらえ方（＝認知）が原因
③〈感情や気持ち〉が原因

↓

その子の抱える問題が見えてくる

発達障害の特徴があるこどもと、「愛着の問題」を抱えるこどもの困った行動は、とてもよく似ています。そのため見分けが難しく、専門家でも誤った判断をすることがあるほどです。

けれども、この3つの分類を意識してこどもの行動を観察していくと、その子にどの〝特徴〟があるかが、クリアになります。その子にとって、**3つのこころの働きのうち、どれが「問題」となっているのか**が見えてくるのです。

もちろん、すぐにこれと決めつける必要はありませんが、それまで訳がわからないように思えた行動にも、ちゃんと理由があることに気づけるはずです。

より具体的な見分け方は第2章でご紹介しますが、まずは3つの分類について、もう少し掘り下げてお話ししてみましょう。

↓ 3つの分類と、こどもの〝特徴〟

愛着の問題を抱えるこどもとよく似た行動をするために混同されやすい発達障害には、ADHD（注意欠如・多動症）とASD（自閉スペクトラム症）がありますが、3つのこころの働きとの関係は、つぎのようになります。

①〈行動や動き〉そのものが原因→**ADHDの特徴がある**
②〈五感〉から得た情報のとらえ方（＝認知）が原因→**ASDの特徴がある**
③〈感情や気持ち〉が原因→**愛着の問題を抱えている特徴がある**

感情や感覚とは無関係に、行動そのものの問題としてあらわれるのがADHD。目で見たり聞いたりさわったりと、五感でキャッチした認知情報を独自の解釈でとらえてしまうのがASD。

そして、感情や気持ちをコントロールできないために困った行動を引き起こしてしまうのが、愛着の問題です。

もちろんすべてが程度の問題ですから、3つが合わさっている子たちがたくさんいます。ですが、それでもお子さんの行動の〝特徴〟がわかると、「そうか、そういうことだったのか」と腑《ふ》に落ちることがたくさんあると思います。

同じような困った行動でも、その行動の背景をじっくり見てあげると、その子によって違う原因が見つかります。まわりをよく見て、**「本当は何をしようとしていたのか」という文脈をくみ取ることがとても重要**なのです。

日々かかわっている大人にとって、この見極めは本来さほど難しいことではないはずなのですが、余裕がないと、文脈を見落としてしまうことがあります。

こどもを理解するためには、私たち大人のこころの余裕が必要です。

POINT

「発達障害」と「愛着の問題」の大きな違い

↓

〈行動〉〈認知〉〈感情〉どの問題なのか

こどもが困った行動をしてしまう原因を理解するためには、**その子がこころのどの働きに問題を抱えているかの見極めが大切**です。

発達障害の特徴をもつ子と愛着の問題を抱える子の行動はとてもよく似ていますが、先ほどお話しした〈行動〉〈認知〉〈感情〉という3つのこころの働きを意識すると、その違いが見えてきます。

ここではまず、発達障害とこころの働きの関係についてお話ししてみましょう。

↓行動のコントロールが苦手――ADHD

ADHDは、行動の問題として**「多動」「衝動性」**という特徴があります。**自分で自分の行動をコントロールするのが苦手**なんですね。

たとえば、よく「片づけができない」と言われますが、なぜ片づけが苦手なのでしょうか。

片づけというのは、一見とても単純な作業に思えますが、実際にはいくつもの工程を連続して行う必要があります。散らかっているおもちゃをひとまとめにして、つぎに箱に入れて、つぎに戸棚へもっていって……という具合に、異なる作業を順番にこなしていく必要があるわけです。

ADHDの特徴をもつ子たちは、こうした一連の作業を完結させるのが得意ではありません。これをやってあれをやったら、つぎに別のことをしてしまう。最後までの手順をやりとげる実行機能がうまく働かないのです。

わざとそうしているわけではなく、「注意がひとつのことに集中しない」というADHD特有の脳の行動特性ですから、仕方がありません。

みんなで鬼ごっこをしていたはずなのに、ふと目に入った砂場へ行って遊びはじめてしまう、というような衝動性も特徴です。

いずれも行動そのものの問題であって意図的ではありませんから、厳しく叱ったり問い詰めたりしてなおるものではありません。ですが、まじめな大人ほど間違った対応をしがちです。

残念ながら、そうした場面で叱られてしまったがゆえに、自己評価を下げて苦しむ子たちも少なくありません。

↓ その子独自の「とらえ方」がある――ASD

発達障害のなかでも、ASDは対人関係などのコミュニケーションが苦手で、**独自のこだわりをもつ**のが特徴と言われますが、その根っこにあるのはいつでも〈認知〉の問題です。

認知とは、「目で見て」「耳で聞いて」「触れて」「嗅いで」「味わって」という五感を使って気づくこころの働きのこと。この五感からの情報のとらえ方に独自のこだわりがあるのがASDだと考えると、わかりやすいかもしれません。

たとえば、同じ場所に立っていても、あなたがとらえている世界と、私がとらえている世界は違います。「相手にはこう見えているのかもしれないな」と想像し、自分の見え方（＝認知）と突き合わせてその違いを認識するわけですが、**自分の認知以外を理解するのが苦手**なのが、ASDのこどもたちです。

そのために「空気が読めない」「相手の気持ちをくみ取ることができない」という印象を人に与えます。

相手に伝わる言い方が想像できず言葉足らずになりがちなため、友だちと一緒に遊ぶのが難しく、結局ひとり自分の世界で過ごしてしまう傾向があります。

結果的に、自分がとらえている世界がいちばん心地いいので、「居心地がいいな」と思える環境では、優れた能力を発揮するこどもたちがたくさんいます。

ただ、ネガティブな言い方をすると、「いつもそこにしかいられない」わけですから、それがときに「こだわり」として行動の問題を引き起こします。

同じことを何度も繰り返す常同行動も、行動の問題に見えますが、本人のなかで問題になっているのは〈認知〉です。

そして認知はもちろん一人ひとり違いますから、あるものには非常に過敏に反応するけれど、他に対してはぜんぜん平気という具合に、その基準が〝その子だけのものである〟のも特徴です。

とはいえ、自閉症は「スペクトラム」障害ですから、ここからここまでが自閉症で、こちら側は違いますというような境界線があるわけではありません。すべての人がみんな自閉の特徴をもっていて、程度の差であるという理解が大切です。

その程度の深さによって、本人にも生きづらさがありますし、また周囲には「気になる行動」として映ります。

感情の学習が未成熟——愛着の問題

このように発達障害のうち、ＡＤＨＤのこどもたちは実行機能としての〈行動〉の問題があり、ＡＳＤのこどもたちは五感によるとらえ方の特異性——つまり〈認知〉の問題があります。

ですから困った行動の背景にも、よく観察すると、この〈行動〉か〈認知〉の問題が見えてきます。

それに対して、愛着の問題を抱えるこどもたちは、**根底に必ず〈感情〉の問題があります。**21ページでお話ししたこころの働きの3つ目です。

より厳密に言うと**「感情が未発達・未学習」**であるがゆえの問題で、自分で自分の感情がわからないために混乱してしまい、結果的に行動の問題としてあらわれます。

そしてもうひとつ、発達障害の特性と愛着の問題の大きな違いは、**生まれつき持ち合わせた特徴か否か**の違いです。

ＡＤＨＤにしてもＡＳＤにしても、発達障害はもって生まれた脳の機能の特性ですから、その子の先天的な〝特徴〟です。

それに対して愛着の問題は、成長の過程で愛着という絆をうまく結べなかったことによる後天的な「関係性」の問題です。つまり、**あとからいくらでも修復可能**だということです。

この違いも、発達障害の特徴をもつこどもと愛着の問題を抱えるこどものタイプを見分けるための大切な視点になります。

POINT

「愛着」がうまく結べていないときに起こること――愛着の問題とは何か

↓

愛着という〝絆〟は、ひとりでは育めない

・わるいことをしたり暴言を吐いたりして、みんなの注目を引こうとする
・友だちのモノを隠したのに、やっていないと言いはる
・人が嫌がることをわざとする
・誰彼かまわずに抱きついたり、かかわりを求めたりする
・「どうせ自分にはできない」などネガティブな発言ばかりする

これらは、愛着の問題を抱えるこどもたちに起こる行動の一例です。

愛着とは**「特定の人と結ぶ情緒的なこころの絆」**のことで、その愛着の絆がうまく結べていないのが、**愛着の問題**。つまり誰とも愛着の絆を充分に結ぶことができず、関係性をきちんとつくれていないという「関係性」の問題です。

でも、勘違いしないでください。愛着の問題は、愛情を与えたか与えなかったかの問題ではありません。

特定のふたりのあいだの関係性の問題ですから、親としては適切なかかわりをしているつもりでも、愛着の問題は生じます。いわば愛情の行き違いです。

そのため、上の子とは愛着を結べているけれど、下の子とは結べていないという状況が起こり得ます。

愛着の問題を抱えるこどもたちに共通するのは、**特定の人との絆を体感できていないために、情緒や感情が未発達**だということ。自分で自分の気持ちがわからないのです。だから混乱し、困った行動を起こします。

↓ そもそも感情はどう育まれるの？

では愛着の問題を抱えるこどもは、なぜ感情が未発達なのでしょうか。その理由は、私たち人間の感情がどう育まれるかを考えると、よくわかります。

そもそも感情や気持ちというのは、ひとりで学習できるものではありません。自分と**一緒に過ごしてくれる人とのやり取りのなかで、気づけるようになるもの**です。

たとえば、「できてうれしい！」という感情は、自分ひとりでは感じとることができません。誰かに認められた経験——つまり誰かとの関係性のなかではじめて感じられる気持ちです。

親としては「こんなに愛情を注いでいるのに……」と思ってしまいますよね。

けれども愛情とは、こども自身が〝感じる〟もの。**親がいくら愛情を与えたところで、愛を感じるしくみがこどもに身についていなければ、受けとれない**のです。

愛着の絆は、愛を受けとって人との関係性を築くための、いわば土台です。

その土台ができていないがために感情が育たず、感情の発達が未熟なせいで関係性が築けない……愛着を結べていないこどもたちは、こうした負のループにはまりこんでいます。

↓

「痛い」がわからないこどもたち

私たち人間はこの世に生まれ出たときから、**「原始感情」**をもっています。

ごく簡単に言うと、**「自分が気持ちいいか、不快か」**という2つの感情で、生まれたてのあかちゃんでも、今、気持ちがいいか否かをちゃんとわかっています。

やがて特定の人との関係を築いていく過程で、「この感じが〝楽しい〟」で「これは〝うれしい〟」「これは〝得意だぞ〟って気持ちだ」という具合に、自分の感情を区別しながら学んでいくことになります。

たとえば、ただ転んでケガをしただけでは、それが痛くて悲しいんだと気づくことはできません。一緒にいる人が「痛いね、悲しいね」と言ってくれてはじめて自分のなかの感覚としてとらえ、「これが〝痛み〟で〝悲しい〟感情なのだ」と学びます。

けれども今、ただ**「気持ちがわるい」しかわからないこどもたちが増えています。**

「なんだか不快で嫌だ」ということはわかるけれど、それが「怒り」なのか「悲しみ」

なのか、わからないのです。

転んでケガをしても、痛がらずに泣かない子もいます。

自分のピンチをとらえてくれる大人がいなかったせいで、痛みがわかりません。

何か感覚が生じているけれど、それが「痛い」という自分にとってピンチの感覚なのだと認識できないのです。

↓ 年齢や知的レベルとは無関係

感情は関係性のなかで学習するものですから、その子の**知能や知的レベルとは関係ありません。**そのため何歳であっても、愛着の絆を結べていないこどもは感情の発達が未熟です。

低年齢であるほど行動の問題としてあらわれやすいですが、中学生や高校生になったからといって自然に学べるものでもありません。

自分の感情を学び、他者と健全な関係を築いていけるようになるためには、その土台となる「愛着の絆」がどうしても必要なのです。

では、この愛着の絆は、どのようにつくられていくものなのでしょうか。

親の愛情が一方通行にならず、こどもたちにしっかり受けとってもらうためにも、愛着がどう形成されていくのか、そのメカニズムを知っておくことが大切です。

POINT

こどもとの愛情の絆を結ぶ ために必要な "3つの基地機能"

↓ 愛着形成のメカニズム

こどもたちの感情を育む土台となる「愛着」には、3つの基地機能が備わっています。**〈安心基地〉〈安全基地〉〈探索基地〉**の3つです。

愛着とは「特定の人と結ぶ情緒的なこころの絆」のことでした。

3つの基地機能は、こどもにとって、この「特定の人」となる人物が担う機能と考えていいでしょう。特定の人はもちろん母親だけに限られず、父親や身近な大人にも可能です（くわしくは67、138ページ）。

この3つの基地の機能がしっかり働くことによって、愛着の絆が結ばれていくことになります。その過程で、こどもたちは「自分は自分でいいんだ」「ここに居ていいんだ」と何の疑いもなく**自分の存在を肯定し、他者からの愛情を素直に受けとれるようになっていく**のです。

つまり、この3つの基地機能こそが、愛着という「特定の人と情緒的に結ばれるこころの絆」の正体なのです。

実際には、**①安心基地↓②安全基地↓③探索基地という順番でつくられていく**ことになります。

まずはそれぞれの基地機能について、順にお話ししていきましょう。

↓「一緒にいると心地がいい」という安心感＝安心基地

〈安心基地〉とは、とくに不安や心配などがないときでも、**「一緒にいると心地がいいな」という安心感を得られる基地**のことです。

普段から、この人のそばにいると「ほっとするな」「落ち着くな」「なんだか幸せだな」というように、ポジティブな気持ちよさを感じさせてくれる存在としての機能ですから「会いたい」「いつも一緒にいたい」という気持ちも生まれます。

この誰にも侵されることのないゆるぎない安心感が、愛着形成におけるいちばん最初の基地機能です。

この人と一緒にいれば大丈夫――そう思える「誰か」との絶対的な「つながり」の感覚です。

愛着の問題を抱えるこどもたちの感情の問題の多くは、この〈安心基地〉を得られていないことからきています。

問題の根本原因がこの安心感の欠如にあると考えると、こどもたちの行動の理由もまた、よく見えてくるのです。

↓

「この人が必ず守ってくれる／守られている」という

信頼感＝安全基地

愛着形成における2番目の基地機能は〈安全基地〉です。

自分が何か嫌な気持ちになっても、**「この人が必ず守ってくれる／自分は守られている」という信頼感**です。

生後5～6か月のあかちゃんが、「人見知り」をするのはご存じですよね。

この時期のあかちゃんは、知らない人が近づいてくると怖くて泣き出すわけですが、そこで「お母さん／お父さんがいるから大丈夫だよ」と守られた経験が、安全基地の認知につながります。

「こわい、どうしよう」という恐怖や不安、怒りや悲しみのような強いネガティブな感情に襲われたときにも、嫌な気持ちから必ず守ってくれる。そうした存在として機能するのが安全基地です。

また、動物行動学における安全基地は、危険が迫ったら巣に帰るというように、危ない状況から身を守る〝行動〟として位置づけられていますが、人間の愛着形成においては、**〝気持ち〟の問題が生じたときに守ってくれる存在**という位置づけです。

大きな地震があったあと、高校生の息子さんから「お母さん、ひとりで寝るのが怖いから一緒に寝てもいい？」と言われて、戸惑ったというご相談を受けたことがあります。

もちろん、受け入れてあげていいのです。たしかに、普段はもう親のことなど気にせず自立したように見える息子に、そんなことを言われたら驚きますよね。

でも、その子は母親をちゃんと「自分を恐怖から守ってくれる存在」として認識し、不安な気持ちを打ち明けたのです。

安全基地がしっかり機能している証拠です。

安全基地とは、「学校に行きたくないな」「不安だな」とネガティブな気持ちがよぎっても、親の顔を見たら、「なんだか大丈夫そうだ」と思えてしまう。そんな機能なのです。

↓

「旅立っても、戻ってきてまた旅立てる」という確信感＝探索基地

愛着形成における3番目の機能である〈探索基地〉は、こどもたちが安心基地や安全基地から離れ、**ひとりで新たな関係を結んでいくための精神的自立の基盤となる**

基地です。

〈安心基地〉や〈安全基地〉は、その基地を担う人と一緒に過ごすことで確認する機能で、「この人と一緒にいると心地いい」「この人が必ず守ってくれる」という存在でした。

それに対して探索基地は、居心地のいい基地からいったん離れ、また基地に戻ってくるという動線のなかで確認される機能です。

こどもたちは、特定の人のもとを離れてひとりで探検し、また戻ってきてエネルギーチャージすることで、つぎの探検へと出かけます。

〈探索基地〉は、いわば愛着形成のゴールです。**探索基地が機能すれば、「愛着形成が完成した」と言える**のです。

たとえば母親が探索基地の機能を担っているとき、こどもはつぎのような行動をします。ある日曜日のこと、こどもは父親と一緒に虫捕りへ。母親はお留守番です。

帰ってくるなり、こどもは急いで母親に声をかけうれしそうに報告します。

「お母さん、見て！　お父さんとカブトムシ6匹も捕ったよ、すごいでしょ！」

こんな報告があったとしたら、この「カブトムシ捕り探検隊」のなかで、こどもにとっていちばん偉い総隊長は、母親であったことがわかります。父親はがんばってカブトムシを捕ったわけですが、単なる実行隊長にすぎません。

ここで母親が果たした役割こそが、〈探索基地〉の機能です。

こどもが基地からいったん離れて行った行動は、当然、基地機能を担う人と一緒に行っていません。それを **〝報告〟することで、あたかも一緒に経験したかのように共有したい**――こうした思いこそが、愛着の絆を示しています。

自分のうれしい気持ちを報告すると、「そう！　すごいね！　よかったね！」と認められて共感され、うれしい気持ちがさらに膨らみます。ポジティブな感情が増えることで、こどもには「もっと何かやってみよう」という意欲が生まれるのです。

こうした過程で、こどもは自分に自信を持ち、ゆるぎない自己肯定感を育んでいくことになります。

↓ポジティブな感情は増幅、ネガティブな感情は軽減

とはいえ、基地から離れていった結果、いつもポジティブな感情になるとは限りま

せん。意気揚々と出かけた先で転んでしまって、悲しい気持ちになることだってあるでしょう。

特定の人とのあいだに探索基地がしっかり機能しているとき、こどもは「悲しいな」「怖いな」「できるか不安だな」「腹が立つな」など、嫌な気持ちになった経験も躊躇《ちゅうちょ》せずに報告します。

なぜなら、**伝えることでネガティブな感情が軽減し、たいしたことではなかったように思えてしまう**からです。これも、探索基地のもうひとつの大切な働きです。

そのため、学校などで自分が不適切な行動をしてしまった際にも、こどもはそれを報告せずにはいられません。「自分をピンチから助けてほしい」「安心させてほしい」と思うからです。

もし、「親には言わないで」「心配をかけたくないから」と言うなら、探索基地機能が充分に働いているとは言えません。**探索基地の機能を担う大人は、こどもにとって「心配をかけていい存在」**であり、**気をつかう必要のある相手ではない**からです。

このように探索基地の機能は、報告することによってポジティブな感情は膨らみ、ネガティブな感情は薄れて消えてしまうという素敵な働き。こどもはここで羽を休めて充電し、また羽ばたきます。

　この機能があるからこそ、こどもは意欲的に新しいことに挑戦でき、めげることがあっても、また立ち直って進めるようになるのです。

POINT

わが子をよく知るために意識したい11の特徴

愛着の絆は、特定の人とのあいだに〈安心基地〉〈安全基地〉〈探索基地〉の3つの基地機能が働くことで育ちます。ですが、これらの**基地機能が充分に働いていないと、「愛着の問題」としてさまざまな特徴があらわれます。**

ただ、25ページでお話しした発達障害と同じで、愛着の問題にも濃淡があり、誰でも多少の愛着の問題を抱えています。

それを頭の片隅に置きつつ、愛着の問題を抱えるこどもたちが、どのような言動をしがちなのかを、3つの基地機能との関係と織り交ぜながらお話ししましょう。

「安心基地」をもたないこどもに起こること

1 モノをさわる

「一緒にいると安心できる」という〈安心基地〉をもたないこどもは、さわる必要のないモノをやたらとさわる傾向があります。安心感がいつも欠如しているため、代わりに**「さわる」という行為による接触感を求める**のです。

そのため、机の上にある鉛筆や消しゴム、顔や髪の毛、自分の手や服、あるいは近くにいる子……など、つねに何かしらにさわっています。

歩くときにも、モノを持ちながら、または壁や机をさわりながら歩きます。

また「モノに囲まれていないと安心できない」のも特徴です。机の周りにモノが散乱していたり、ベッドや布団にぬいぐるみなどをいっぱい置いて囲まれて寝たがったりします。

モノに囲まれることで、安心感を得ようとしているのです。

2 いろんなモノを口へもっていく

さわっていた**モノを口に入れると接触感が増えるので、さらに安心感が増します。**

そのため鉛筆や消しゴム、ハンカチなど、さわっていたモノを口へもっていって舐《な》めたりする。これもまた、安心基地を得られていないこどもたちの特徴です。

モノが見当たらないときは指を口に入れます。舌舐めずりや指吸いも、やはり安心感を求めての行動です。

そして、舐めるだけでは安心できないほど嫌な気持ちに見舞われると、爪を噛《か》んだり、ハンカチや服を噛むという行為にエスカレートします。

3 床に触れる

靴を履くべき場所で素足になりがちです。なぜなら、**足が床に接触していると安心できる**からです。ですから教室でも、靴も靴下も脱いで過ごしたりします。

ＡＳＤの特徴があるこどもも靴や靴下を脱ぎたがることがありますが、それは「靴の履き心地が不快」「靴下のちくちくが嫌」というような肌感覚の不快感や違和感が原因ですから、脱ぐ理由が違います。

愛着の問題を抱えるこどもは、**安心するための接触感を求めて脱ぐ**ので、素足になったあとも、床や机の桟に足を擦りつけたり、脱いだ靴に足を半分入れてくるくる回したりと、さらなる接触を求めるのが特徴です。足と床との接触だけでは愛着の問題はさほど大きくありません。

大きな愛着の問題を抱えているこどもが、より広い面積を求めて、壁にもたれながら床に座ったり、床に寝転んだりします。教室や廊下でもかまわず、床を這《は》ったり、転がり回ったりするのです。

4 愛情欲求行動

愛情欲求行動をするのも、安心基地を得られていないこどもたちの特徴です。

この愛情欲求行動には、2種類あります。

ひとつめは「こっちを向いて」「かまって!」という気持ちが行動としてあらわれる**「アピール行動」**。

たとえば、わざといたずらをして注目を集めようとしたり、小さなケガでも大げさに痛がってみせたりします。うまい口実が見つからなければ、自分で自分のモノを壊して、誰かに壊されたと訴えるような、自作自演の事件を起こすこともあります。被害者になれば、必ず誰かがかまってくれるからです。

また、不安になるため静寂が苦手です。教室がしーんと静まり返ると、急に机を叩《たた》いて大きな音をたてたり、突然大声を出したりします。そうすれば、「どうしたの？」と注目されることにもなるからです。

ふたつめの愛情欲求行動は、**「愛情試し行動」**と呼ばれるもの。

園や学校で担任や担当が替わると、わざと叱られることをして、どこまで許されるのか、叱ると怖いのかなど、その人がどんな反応をするかをチェックします。

安心基地を持たないこどもは、大人の様子を驚くほどよく見ています。そして「この人は叱ると怖い」とわかると、その人の前でだけはわるさをしません。

ただ、そこでがまんした分、怖くない大人の前でたくさんわるさをします。相手によって行動を変えるのです。

優しい大人ほど、こどもの要求に応えようとしがちですが、安心基地をもたないこどもは、自分の欲求がかなっても安心できません。

結果として「もっと」「これも！」と、欲求が止まらなくなります（愛情欲求エスカレート現象)。感情の発達も未熟ですから、いくら安心を求めても、満足感、安心感を得ることができないのです。

5 過剰にスキンシップをする

大人を見るなり、**無警戒に誰彼かまわずかかわりを求める**特徴があります。

一見すると人懐っこいようにも思えますが、そうではありません。「この人なら自分をいい気持ちにさせてくれるかもしれない」と、安心基地を求めての行動です。

べったり抱きついてきたり、まとわりつくようなスキンシップをしがちで、年齢に関係なく、小学生であっても中学生であっても、抱っこやおんぶや膝乗りなどを求めます。

「安全基地」をもたないこどもに起こること

6 人を警戒する

同じ愛着の問題を抱えるこどもであっても、〈安全基地〉をもたないこどもは、**人が苦手で警戒心が強い**のが特徴。自分を守ってくれる人は誰もいないととらえていますから、人とかかわることに危険を感じるのです。

ですから人に近寄られるのも嫌がります。スキンシップなどはもってのほか。安心基地を求めるこどもとは、正反対の反応をします。

7 危ない行動をする

高いところに登るなどの危ない行動をする特徴があるのも、安全基地が育っていないこどもの特徴です。

教室のイスや机の上、ロッカーによじ登ってその上で寝そべったり、屋根や屋上に座って下を見下ろしたり、雲梯《うんてい》やジャングルジムにもぶら下がらずに登ります。

この「高いところに登る」行動は、精神医学界においてはADHDの特徴に分類されていますが、私は間違いであると考えます。もちろんADHDのこどもが衝動的に高いところに登ることはありますが、そこに必然的な理由はありません。

高いところに登って嫌な気持ちを紛らわせたいというのは、愛着に問題を抱えるこどもたちの特徴です。

安全基地がまだ充分できていないため、嫌な気持ちから守ってくれる存在がいないと感じています。自分でどうにかするしかないという意識から、嫌な感情を紛らわせようとして高いところに登るのです。

さらに、高いところからモノを投げることもあります。ロッカーに立って消しゴムや鉛筆を投げたり、窓からボールや鞄を投げたり……理由はやはり、不快な感情を紛らわせるためなのです。

8 痛みに鈍感

相当のケガでも痛がらず、泣きません。痛いはずの状況で泣けないのは、**「泣いても誰も助けてくれない」と、安全基地の機能を期待できない**でいるからです。

こうした子の場合、年齢が上がるにつれ、本当に痛みを感じなくなります。痛さを感じても無駄だととらえてしまうのです。

9 自己防衛

誰かに「守られている」という感覚が育まれていないため、自己防衛的になりがちです。「誰も自分のことを守ってくれない」と思っていることが強く影響しています。

ですから**都合のわるいことが起こると、「私は何もわるくない。ぜんぶ○○のせいだ」と相手を責めます。**たとえ、自分がした不適切な行為が誰かに見つかって、明確な証拠があったとしても、断固として認めません。

大人が追いつめれば追いつめるほど、自己防衛の壁はどんどん分厚くなり、暴言や暴力となってあらわれることがあります。

「探索基地」をもたないこどもに起こること

10 姿勢や服が乱れる

愛着の問題を抱えるこどもたちは、**姿勢がよくありません。**じっと真《ま》っ直《す》ぐ立っていることができず、左右前後に体をゆらしたりします。座っていても同様で、よく背もたれにだらっと反り返ったり、机に突っ伏したりします。また襟元がはだけていたり、ズボンやスカートからシャツがはみ出ていたりと、服がだらしなく乱れやすいのも特徴です。

これらが起こる理由は、感情のコントロールができず、ポジティブな感情を増幅してくれる〈探索基地〉がないために、姿勢をピンとただし、身だしなみを整えようとする**〝意欲〞がわいてこない**からです。

11 自己評価が低い

探索基地がないということは、**ポジティブな感情を増やし意欲を育んでくれると感**

じられる人、不安や怒りなどのネガティブな感情を減らしてくれると感じられる人がいないということです。

そうした状況下では、こどもは自分に自信をもつことができませんから、自己評価もおのずと低くなります。

自己評価の低いこどもには、〝そのときの気分や感情のムラに左右されやすい〟という特徴があります。気分によって大きな振り幅があり、活動内容もモチベーションにもムラが出るのです。

そして、この自己評価の低さは、ふたとおりにあらわれます。

ひとつめは、意欲が長続きしないために失敗経験ばかりを積んでしまい、結果的に「自分は何をやってもダメだ」「すべては無駄だ」というような**「自己否定」**としてあらわれます。

もうひとつは**「自己高揚」**というあらわれ方です。自己評価が低いのは自己否定と同じですが、その事実を認めたくないがために、「自分のほうが優位なんだ」という感覚を得ようとします。そのため親や他人を支配しようとするのです。

たとえば、自分はだらっと座っているのに、となりの子に向かって「ちゃんと座れ！」と指摘したりします。親に命令したり、支配したりすることもあります。

いじめも、この優位性の渇望であることがほとんどです。

実は、いじめている側の子の自己評価は低く、どうにかして優位性を獲得しなくてはと、もがいているのです。

POINT

愛着の絆は「健やかに生きる」ための土台

↓ ゆるぎない自己肯定感を育む

愛着の問題を抱えるこどものさまざまな特徴を見てきましたが、いかがでしたでしょうか？　お子さんに当てはまるものがあって、不安になってしまった方もいるかもしれませんね。でも、あわてる必要はありません。

愛着の絆を結ぶことは、誰にでも、いつからはじめても、可能です。

そしてその具体的な方法は、このあと第2章以降でくわしくご紹介するので安心してください。

「自分をわかってくれる人がいる」「必ず守ってくれる人がいる」「ポジティブな感情にもネガティブな感情にも共感し、励ましてくれる人がいる」

こうした基地機能を充分に経験したこどもたちは、たくましく育ちます。**「あるがままの自分でいい」というゆるぎない自己肯定感が、しっかり備わる**からです。

↓

「感情」は生きる原動力

こどもたちは、愛着の絆が結ばれる過程で、自分の〈感情〉を学びます。

ポジティブな感情とネガティブな感情の存在を知り、自分のなかに生まれるさまざまな気持ちにどう対処すればいいのかを学習するのです。

そうすることによって、**ポジティブな感情はたっぷり堪能し、ネガティブな感情は手放して処理することができる**ようになります。

この能力があるか否かで、その子の人生は大きく変わります。

愛着の絆を結べたこどもは、他者からの愛情に対してつねにオープンですから、どんな人とのかかわりにもポジティブな感情を受けとることができます。

たとえネガティブな感情に見舞われても、自分でコントロールできるので、他人に攻撃的になったりすることはありません。

けれども愛着の絆が結べていないと、自分の嫌な気持ちをうまく対処できませんから、その**矛先が他者に向かいます。**

感情をぶつけるのは、嫌いな相手にだけではありません。好意をもっている人に対してもぶつけてしまいます。実は、**好意をもてる身近な相手にほど、強い言葉をぶつけてしまう**のです。

これでは、大切な人間関係を壊してしまうことにもなりかねません。

また、うまく対処できないネガティブな気持ちが、内に向かってしまえば、自分を責め、やがて「うつ」となってあらわれます。

あるいは、何かに依存して紛らわそうとする傾向があらわれ、依存症（アディクション）につながるのです。

こどもの場合、依存の対象はゲームやネットになることが多いでしょう。

今、非常に増えているゲームやネットから離れられないこどもは、愛着の問題を示しているとも考えられます。

感情は、私たち人間が生きていくための「原動力」となるもの。その**感情をうまくあつかうための能力を育む土台となるのが、愛着の絆**なのです。

↓ 愛着がこどもの未来を担う

誰かとしっかり愛着を結べたという体感は、こどもたちのなかで潜在的な記憶としてその子のなかに刻まれます。すると、その後の人生において、その子の存在を認め、癒やし、守り、励ましつづける **〝目に見えない効力〟** となって機能しつづけます。

自信をもち、自立し、他者と喜びを分かち合い、愛を受けとって健やかな関係性を築く。そのための基盤として愛着の絆は、すべてのこどもに必要なものなのです。

第2章

愛着の問題は、何歳からでも修復できる！

POINT

愛着の問題にまつわる大きな誤解

↓「3歳児神話」は信じなくていい

ここではっきり断言しておきましょう。先にも述べましたが、「愛着の問題」は、いつからでも、誰にでも修復できます。

私がこの点を何度も強調するのは、いまだに「愛着は乳幼児期に結ばないと手遅れだ」と誤解している方がとても多いからです。

以前、発達心理学において「愛着形成には臨界期がある」という主張がありました。

臨界期とは、**人間の脳には、何かを学習するのに最適な時期があり、その時期を**

逃すと学習が難しくなるとされる〝期限〟のこと。

俗に言う、「3歳児神話」です。

愛着形成には臨界期があり、そのピークは生後1歳6か月頃までで、遅くとも3歳までに形成されないと一生愛着は形成できないという説が広まってしまいました。この説が間違いであることは、言うまでもありません。

私がこれまでにさまざまな現場で出会ってきたこどもたちの多くは、3歳以上で、小学生であっても中学生であっても高校生であっても、愛着が修復されていく姿を見てきました。

愛着の絆は、何歳からでも結び直すことができるのです。

↓

親の育て方のせいではない

けれどもこの誤解のせいで、「愛着の問題は親の責任だ」というさらなる誤解が生まれました。

親子の領域なので誰も立ち入ることができない、という誤解です。

臨界期をいまだに語る人がいる理由は、あかちゃんがハイハイなどの自立行動をはじめる時期までに「３つの基地（37ページ）」を築く最初の機会があるため、その辺りまでに愛着が育まれるだろうという定説があるからです。

たしかに機会はあります。でも、それはすべての親子にとっての絶対ではありません。

第1章でもお話ししてきたように、愛着が結べるか否かは「関係性」の問題ですから、**親がどんなに愛情を注いでもうまくいかないことはよくあります。**

実際、とても健全と言える親の養育を受けてきていても、愛着の問題を抱えるこどもたちがたくさんいます。

ですから、愛着の問題が施設で育った子や虐待されてきた子にだけ起こりやすいという理解もまた、まったくの誤解です。

にもかかわらず、愛着の問題が見つかると「育て方がわるい」と非難され、しかも「こどもが大きいからもう手遅れだ」と言われてしまうのです。

これではどんな親だって、自分を責めるしかありません。

↓

「いつでも」「誰にでも」治せる

そしていちばんの問題は、「愛着の問題は親の責任だ」という誤解が生まれたせいで、こどもたちの愛着の問題が支援されずに放置されてきたことです。

愛着は、結べないまま放っておいても、自然に形成されることはありません。**必要なのは、愛着の絆を結ぶためのかかわり**です。

愛着の絆は本来、親はもちろん、その子に深くかかわるチャンスのある人なら誰でも結ぶことができます。

それにもかかわらず「こどもを生んだ母親でなければならない」という思い込みが根強くあり、お母さんたちにすべての責任が押しつけられてきました。

愛着という絆は、最初に築いた「特定の人」との関係性を基盤に、さまざまな人と関係を広げていくための土台となるもの。

ですから生涯にひとりの人とだけ結ぶ絆というわけではありません。

肉親や親友、恩師、人生の伴侶など、人生のなかで多くの人と結ぶ関係であり、特定の人には何人もの人がなれるのです。

大切なのは、**「同時に複数の人との絆は結べない」「最初はひとりと、つぎからは順にいろいろな人と結んでいく」**ということ。目の前のこどもが愛着の問題を抱えていることに気づいたのなら、まず**気づいた人が「特定の人」となってもいい**のです。

親だからといって「自分が最初からすべてやり直さなければならない」と気負う必要もありません。「特定の人」の役割をいったん他者に委ねるという選択肢もまた、可能なのです。

↓ かかわる時間よりも関係の〝質〟が大切

安定した愛着を形成するためには、こどもとできるだけ長い時間を一緒に過ごすことが大切だと考える方もいるかもしれません。仕事などでなかなか時間がつくれず、罪悪感を抱いたりしてはいないでしょうか。

けれども実際には、両親ともに働いていて忙しいとか、ひとり親であるとか、経済的に恵まれていないとか、そうした**物理的環境が直接こどものこころに影響することはありません。**

こころに大きく影響するのは、こども自身がその環境をどうとらえているかという**「心理的環境」**。つまり**〝こどもがあなたのかかわりをどう受けとめているか〟**という点です。

たとえば、あなたが仕事で忙しくてこどもと話す時間が少なく、その子はそれを寂しがっているとします。そのことに、あなたが気づいていない場合は、心理的な問題になり得ます。

でも、あなたがこどもの気持ちに気づいていて、こどもも「忙しくて話ができないのは寂しいけれど、ちゃんと自分の気持ちをわかってくれている」と受けとめているのなら、その子にとって心理的な問題にはなりません。

逆に、いくら長時間一緒に過ごしても、こどもが「一緒にいても自分を見てくれていないな」と感じているのであれば問題です。

こどもの心理的環境にとって大切なのは、**かかわる時間の長さではなく、かかわりの〝質〟**なのです。

↓ 愛着の問題は関係性の問題のこと

ところが愛着の問題は、たとえ親がこどもの気持ちに気づいていても生じることがあります。なぜなら、こどもが「親が自分の気持ちに気づいてくれていることに〝気づけない〟」場合があるからです。

こうお話しすると、愛着の問題が「関係性の問題」であることがよくわかると思います。

だからこそ、まずは**大人の側がこどもの気持ちを受けとめ、こどもからのサインを察知しようと意識する**必要があるのです。

愛着形成で大切なのは、いつも一緒にいることよりも、〝一緒にいるときにどんな感情を確認し合えたか〟だからです。

POINT

発達障害と愛着の問題を見分ける5つのポイント

発達障害か愛着の問題かで、対応は大きく変わる

↓まずは行動を観察してみる

愛着という絆は、こどもが健やかに成長し、人生を豊かにしていくための基盤となるもの。こどもたちは、**安定した愛着を結ぶことでゆるぎない自己肯定感を育み、人を信頼し、自立して歩みを進めることができる**ようになります。

愛着形成は、どんな子にとっても必要不可欠なものなのです。

ただ、ここまでもお話ししたように、愛着の問題は乳児期の親の養育の問題だという間違った理解が広まったため、ある意味でタブー視され、親としてはあまりさわ

わりたくないものとして扱われてきました。
けれども愛着の問題は、こどもたちをよく観察し、適切な対応を重ねていけば回復していくものであるという事実を、私自身が何万というこどもたちに出会うなかで確認してきました。

愛着の問題は、いつでも、誰にでも修復していくことができるのです。

さて、そこでまず重要になるのが、その子の〝**特徴**〟**を見極める**こと。
こどもの抱える問題が**「発達障害」の特徴なのか、「愛着の問題」の特徴なのかを見分ける**必要があります。

そして見分けるためのカギとなるのが、第1章でお話しした〈行動〉か〈認知〉か、〈感情〉か、という観点です（20ページ）。

とくにつぎの5つのポイントでこどもたちの行動を観察すると、その子の〝特徴〟がよく見えてきます。

POINT

見分けるポイント①
「多動」のあらわれ方をチェックする

↓「いつでもどこでも」多動なのか

こどもと生活をともにする大人であれば誰でも見分けられるのが、**「多動」のあらわれ方**です。

落ち着きがなく動き回る「多動」は、ADHDに特有の行動だと思ってしまいがちですが、実はそうとも限りません。ASDのこどもにも、愛着の問題を抱えるこどもにも多動は起こるからです。

ただ、その違いを見分けるのは難しくありません。ＡＤＨＤのこどもは、とにかく「いつでもどこでも」「何をしているときでも」多動です。

学校でも保育園でも、学童保育でも放課後クラブでも、スーパーでも公園でも、もちろん家でも、いつでもどこでも何をしていても落ち着きなく動き回ります。「普段と違うから」とか「居心地がわるいから」というような〈認知〉とも無関係ですし、「楽しいから」とか「怒っているから」というような〈感情〉とも関係ありません。ただただ〈行動〉の問題として多動なのです。

自宅にいるときだけの行動では判断できないので、**園や学校、学童などでも同じように多動であるか**を確認する必要があります。

いろんな人からの情報を得て、「いつでもどこでも」多動だとわかれば、その子はＡＤＨＤであるということになります。

↓「居場所感」と関係しているか

多動という特徴があっても、それが「いつも」ではないと気づいたら、他の可能性を探ってください。

ASDのこどもに起こる多動は、「居場所感」という〈認知〉と関係しています。

居場所感とは、「ここに居ていいんだな」「これをやっていればいいんだな」というとらえ方のこと。居心地のいい場所で自分の好きなことをしているとき、ASDのこどもはとても落ち着いています。

では、いつ多動が起こるのか。それはこの**居場所感を失ったとき**です。

たとえば、こどもが落ち着いてお気に入りの本を読んでいるとしましょう。そのときに、「そろそろ出かける時間だから終わりにして」と言ってもなかなかやめません。そこでさらに「ほら、早く準備をしないと間に合わないでしょ！」と本を取り上げると、居場所感を突然奪われたと感じて、その場を走り回り部屋を飛び出してしまう。

そんなことがあります。

また、急な予定変更やルール変更があるときにも、同じように反応します。

これがASDのこどもの多動です。

↓ 感情によってムラがあるか

愛着の問題を抱えているこどもの場合、**多動に「ムラがある」**のが特徴です。

昨日は落ち着いていたのに、今日は落ち着きなく動き回るという現象がしょっちゅう起こります。

このムラを生じさせているのは〈感情〉です。

もちろん感情は一瞬にして変わるものですから、一日中同じ気持ちで過ごせる人などいません。この**変わりやすい〈感情〉の影響を受けて、多動になったりならなかったりする**のです。

たとえば学校で、好きな教科の授業では落ち着いているのに、嫌いな教科では落ち着きなく動き回ってしまう。これは、「好き／嫌い」という感情に左右される〝ムラのある多動〟です。「やりたくないのにやらなきゃいけない」このネガティブな気持ちが、多動を引き起こします。

また、今、目の前で嫌なことが起きていなくても、**過去の感情が原因で多動が起こることもあります。**

たとえば、朝お母さんに怒られたことが気になって感情がコントロールできないというようなときです。

他にも、お母さんとふたりきりのときは大丈夫なのに、スーパーに行くと多動になってしまう子もいます。いろんな人やモノなどの刺激のせいで、感情が高ぶってしまうからです。

したがって、愛着の問題を抱えるこどもにあらわれる多動は、〈感情〉に左右されます。そのため、その子の感情の発達の段階や、混乱具合によって、日ごとに多動の度合いが変わったり、週ごとにパターンがあったりと、その子によって独自のムラがあります。

こうした多動のあらわれ方の違いは、日常的に一緒に過ごす人であるほど、見極めは難しくないはずです。

逆に、普段の姿を見ていない医師や専門家には、正しく判断できないことも多いのです。

POINT

見分けるポイント②

友だちとトラブルが起きたときの様子をチェックする

↓

「罪悪感」がわからない

繰り返しになりますが、人間関係は、愛着という絆を結んだあとで築けるようになります。ですから、その愛着の絆が結ばれていなければ、当然他者とのトラブルが起きやすくなります。

愛着の絆がうまく結べていないと、感情が未発達で自分の感情がわかりません。そのため、「謝れない」特徴があります。

罪悪感という感情を獲得できていないので、素直に謝ることができません。「自分が嫌な気持ちに見舞われている」ことはわかるけれど、謝ることでその感情が軽くなることを知らないのです。

また、〈感情〉の問題がつねに根底にあるため、どんな状況下にあるかによる影響を受けやすく、とくに**集団のなかにいるとき、困った行動が出やすくなります。**「1対1」の場面では比較的落ち着いているけれど、「1対多」の場面ではアピール行動などが頻発して、落ち着きがなくなるのです。

↓ 素直に謝れるか

ADHDのこどもも、行動の問題のせいで結果的に友だちとの関係がうまくいかないことがあります。

けれどもADHDのこどもの場合は、自分のせいで相手に嫌な思いをさせたんだと気づけば、**すぐに謝ることができます。**

ここが愛着の問題を抱えているこどもとの違いです。

ADHDは先天的な〈行動〉の問題ですから、状況の変化による影響はほとんど受けません。つまり、自分の感情が原因で行動に問題が起こることはないのです。

↓背景が理解できるか

一方で、ASDのこどもにとっていつも問題となるのは、〈認知〉です。

自分がとらえている世界に、他の人が勝手に入ってくるのを好みませんから、没頭して遊んでいるところに誰かがやってくると払いのけてしまいます。

相手に悪気はなく、ただ一緒に遊びたかっただけだったとしても、その背景が理解できないため、トラブルが起きてしまいます。

このように友だちとの関係にトラブルが起きた際、そのあとの言動を観察することで、こどもたちの特徴が見えてきます。

POINT

見分けるポイント③

片づけられない・ルールを守れない理由をチェックする

↓ 片づけが本当に苦手

「片づけができない」「ルールを守れない」のは、ADHDのこどもにも、愛着の問題をもつこどもにも見られる現象で、よく混同されがちです。

けれども、**「なぜできないのか」の理由がまったく異なります。**

まず、ADHDのこどもは、片づけが本当に苦手です。26ページでも少しお話ししましたが、片づけという作業は簡単に見えて、実はそうでもありません。

「モノを集めて↓分類して↓箱に入れて↓棚にしまう」という具合に、いくつもの工程を順番にこなしてやっと完結する作業だからです。

ＡＤＨＤのこどもは、こうした一連の作業を最後までやり遂げることが大の苦手。注意欠如や衝動性という特性のために、途中で他に注意がそれたり、突発的に別の行動をしてしまったりして、最後まで片づけを遂行することができません。

一連の行動を完遂できないという〈行動〉の問題なのです。

そこでＡＤＨＤのこどもたちに片づけをしてもらうときには、片づけという一連の行動を一気にやらせないようにしましょう。

「まずはこれだけ」「つぎはこれ」「最後はこれだよ」というように、作業ごとに小分けにして取り組むようにして、都度確認します。そうすれば、片づけも難なく終えられるのです。

ルールを守れない理由も同じです。

「ルールはちゃんと守らなきゃ」と思っていても、自分の〈行動〉が制御できないためにはみ出してしまいます。

ですから、もちろん反省するのですが、またすぐに同じ行動をしてしまうのも特徴です。

↓

片づける意欲がない

それに対して、愛着の問題を抱えるこどもが片づけられない理由は、別にあります。片づけが苦手だからではなく、「なぜ片づけないといけないのか」「片づけるとどんな気持ちになるのか」がわからないからです。「片づけると気持ちいいんだ」が実感できないので、**ちっとも意欲がわかない**のです。

片づけると気分がスッキリするし、充足感も得られるわけですが、そうした感情自体を学べていないので、いくら言われても響きません。

気分がいいときは片づけに取り組むこともありますが、やる気が持続しないので最後まで遂行できません。

ルールを守れないのも、やはり原因は〈感情〉の問題。ルールを守って行動したほうが気持ちいいという感情が育っていないのです。

むしろルールを逸脱して、自分に注目を集めようとする特徴があります。安心感に代わる快感を求めての行為です（49ページ）。

↓ その子のとらえ方次第

一方で、ＡＳＤのこどもは、本人のとらえ方（＝認知）次第で片づけをしたり、しなかったりします。

片づいた状況に心地よさがあったり、片づけることに意味があるととらえていれば、完璧に片づけるのがこの子たちです。

ルールも同じで、自分のとらえ方と合致していれば完璧に守り通しますが、自分のとらえ方と合わない場合は断固拒絶します。

「一般的にこうだから」「決まりだから」という理由で動くことはありません。本人が納得できる理屈があるときにだけ、行動にうつせるのです。

POINT

見分けるポイント④

不適切な行動を注意したときの反応をチェックする

↓

間違いを伝えれば認める

不適切な行動を注意されたときにどんな反応をするか。これも、こどもたちの〝特徴〟を見極めるための重要なポイントになります。

「その行動はよくないね」と伝えてあげると、**すぐに気づいて正す**ことができるのがADHDのこどもです。

ただ、その注意された内容をすぐに忘れてまた同じ行動をしてしまうので、そのつど確認してあげる必要があります。

そこで「どうしてそんな行動をしちゃったの？」と理由を尋ねると、たいていは答えが返ってきません。もともと振り返りが苦手なので、自分がなぜその行動をとったのか思い出せないのです。

また、「それは××のあとにやろうね」と指示したことに対して、待てずにすぐやってしまうのもADHDのこどもの特徴です。

なんでも〝すぐ〟がADHDと言えます。

↓

「知らない」「してない」と自己防衛する

それに対して、愛着の問題を抱えるこどもたちは、不適切な行動を指摘すると「知らないよ」「自分じゃないよ」と**自己防衛的な反応**をします。

理由を聞いても「知らない」とシラを切ったり、「だって○○くんが先にしてきたから」と誰かのせいにして言い訳します。

「自分を守ってくれる人がいる」という安全基地（39ページ）を体感できていないので、自分を守るためにウソを並べ、正当化しようとするのです。

「それは××のあとにやろうね」という指示に対しては、気分に左右されます。気が向けば指示に従うこともありますが、ご褒美だけ先にもらって、肝心のことはしないということも少なくありません。

↓自分の理屈で反論する

困った行動を注意すると、「だって……」と**自分の理屈で反論する**のがASDのこどもです。

自分が納得できないことは、なかなか受け入れられません。

一人ひとりに独自の世界観がありますから、その子がどんな世界を見ているのかを探り、一緒に同じ世界に入ってみないかぎり、どうしても食い違いが起こります。

そのため、傍から見れば不適切な場合でも、自分がしたいと思えば実行します。

そこで理由を聞くと、「そんな理由なの?」と思うような独自の返答が返ってくるのも特徴。ASDのこどもが何か行動するときの基準は、いつでも自分の〈認知〉だからです。

POINT

見分けるポイント⑤

困った行動を無視したときの反応をチェックする

こどもの困った行動を目撃したとき、あえて無視したり、取り上げない対応をしたりして、こどもの反応を観察してみてください。

ADHDのこどもは、その行動に報酬を与えられなかったので、**自然とその行動はなくなります。**

これは、「計画的無視」という方法で、応用行動分析・認知行動療法でよく使われるものです。ペアレントトレーニングでもよく使われていたりしています。

一方で愛着の問題をもつこどもは、感情の問題があるため無視をすると余計に「こっちを向いてほしい」という気持ちが高まり、**アピール行動が大きくなります。**すると、困った行動が増えたり、無視された人の言うことを聞かなくなったりしてしまいます。無視することでは関係性をつくれないからです。

ＡＳＤのこどもたちは、無視されたことをどうとらえるかで**反応は変わります。**そもそも自分の行動を、他の人がどうとらえるかについてあまり興味がないので、結果として効果がないことが多くなります。

わが子のこととなると、客観的に観察して判断するのは簡単ではないかもしれません。それでも、それぞれの特徴の違いを知っておくと、むやみに心配する必要はなくなります。

こどもたちの〝特徴〟を見分ける際にチェックするといいポイントを91ページの表にまとめましたので、日常生活のなかでお子さんがどんな反応をしているか、観察してみてください。

お子さんの特徴がわかってくると、気になる行動の見え方もまた、変わってくると思います。

あなたのお子さんにはどんな特徴がある？

こどもの「特徴」チェック表

	ADHDの特徴がある	ASDの特徴がある	愛着の問題を抱えている
Q.多動はどうあらわれる？	いつでもどこでも	居場所感がないとき	気分によってムラがある
Q.状況の変化にどう反応する？	影響しない	影響する	影響する
Q.対人場面が変わるとどう反応する？	影響しない	とらえ方次第	1対1か1対多かで変わる
Q.刺激にはどう反応する？	何にでも反応する	特定の刺激にのみ反応	感情の状態によって反応する
Q.片づけや規範行動ができない理由は？	最後まで遂行できないから	納得できないから	意欲がわかないから
Q.不適切行動を指摘するとどう反応する？	素直に受け入れる	納得できないと理屈で反論する	「知らない」「してない」と責任回避する
Q.不適切行動を無視する、とりあげないと？	それをしなくなる	とらえ方次第	効果なし・激化・拒絶・意欲減退
Q.行動の理由を聞くと？	思い出せない	変な理由を言う	ウソの理由を言う（自己防衛・自己正当化する）
Q.「あとでしようね」への反応は？	待てずにすぐしてしまう	自分のとらえ方次第	気分や感情に左右される

POINT

愛着の問題を抱えるこどもの3つのタイプ

愛着の問題のあらわれ方の違い

さて、ここまでで「発達障害」と「愛着の問題」の特徴の違いを見てきました。

つぎは、愛着の問題を抱えるこどもたちのタイプについて紹介します。

愛着の問題は、そもそも〈感情〉の問題ですから、多かれ少なかれ誰もが抱えているもので、その違いは程度の差でしかありません。

ただ、感情の問題と言ってもあらわれ方には違いがあり、愛着の問題を抱えているこどもの特徴として、おもに3タイプに分けることができます。

↓

①誰にでも無警戒に愛情を求めに行くタイプ（脱抑制タイプ）

第1章の51ページでもお話ししましたが、愛着の問題を抱えるこどもの特徴としてあげた「過剰なスキンシップ」を求めるタイプです。

大人に対する警戒心がまったくなく、誰彼なしにかかわりを求めます。

私が園や学校を訪れた際にも、見つけるなり走りよって抱きつき、まとわりついて体にさわってくる子たちがいます。

この子たちには、自分をいつでもポジティブな気持ちにしてくれる関係性の絆が育まれておらず、安心することができません。つまり、〈安心基地〉の欠如です（安心基地については38ページ）。

そのため、「この人はどうかな？」「この人ならいいかな？」と誰彼なしに接触し、安心感を求めます。同世代のこどもにも求める場合はありますが、より大人に対して求めるのが特徴です。

そして、さらにわかりやすい特徴は、このタイプのこどもに「そんなにくっつくのはやめなさい」と**注意すると、よけいに身体接触してしまう**ということ。叱れば叱るほど、身体接触がエスカレートします。

なぜなら、「叱られた＝かまってもらえた」と受けとめるため、もっとかまってほしくて、叱られても同じ行動を繰り返します。

これは他の不適切な行動を叱った場合でもよく見られます。

↓ ② 人とのかかわりを極端に警戒するタイプ（抑制タイプ）

同じ愛着の問題を抱えるこどものなかでも、①のタイプとは真逆で、人を警戒するこどもがいます。

人間不信と言えるほど、極端に人とのかかわりを避けるのがこのタイプです。

52ページでもお話ししたように、〈安全基地〉ができていないため、「自分を守ってくれる人は誰もいない」と感じています。

誰も守ってくれないのに嫌な気持ちになると大変ですから、人とはかかわらないほうが安全なのです。

もちろん身体接触もしません。近寄られることも拒否し、とくに前から近寄られるのを嫌います。

気をつけなければいけないのは、このタイプのこどもたちを叱ると、**関係が長期にわたって遮断されてしまう**点です。実際、母親に叱られて2年間いっさい口を聞かなかった……という子もいて、場合によっては、数か月、数年という単位で関係が遮断されてしまいます。

その子にとって、**「叱られること＝安全を脅かされること」**ですから、そんな人とは関係を断ったほうが安全なのです。そのため、先生から叱られたことが不登校や引きこもりの原因になる場合もあります。

ただし、3つのタイプのなかではいちばん割合が少なく、私が実際に出会ったこどもたちもさほど多くはありません。

↓ ③ ASDを併せもつタイプ

愛着の絆をうまく結べるかどうかは、後天的な問題ですから生まれながらに発達障害の特徴をもつこどもが、愛着の問題を抱えることはめずらしくありません。

とくにＡＳＤのこどもは、愛着の問題を抱えやすいと言えます。

私が出会った愛着の問題を抱えるこどものなかでももっとも多いのが、このタイプです。

もともと自分以外の認知を理解するのが苦手で、相手がどう感じているかを想像できないため、「互いにわかり合えている」という感覚を得にくいのです。

つまり、**「自分をわかってもらえている」という安心基地や、「誰かが自分を嫌な気持ちから守ってくれる」という安全基地も形成されにくい**ということになります。

結果的に愛着の絆がうまく結べず、感情発達の問題を抱えてしまいがちです。

かかわる親も、「この子と絆を結ぶのが難しい」と感じることが少なくありません。

親御さんからの相談でも、「あかちゃんのときも夜は一睡もせず、ずっと泣き止まなかった」など、育児の困難を訴える方が多くいらっしゃいます。

それぞれの子が独自の世界観をもっているので、その特性に応じたかかわりができないと、親が懸命に愛を注いでも届かず、愛着の問題が生じてしまいます。

このタイプのこどもたちは、普段から「籠もる」という特徴があります。室内でもフードや帽子をかぶったり、制服を頭からかぶったりします。

低年齢のこどもだと、カーテンに包まって隠れたり、用具入れのロッカーに入り込んだり、机の下に籠もったりと、とくに集団のなかにいるときに籠もります。

これもまた、自分にとって安心安全の居場所を確保するための行為です。

そして、こうした行為を叱られたり、引きずり出されてしまい「居場所感」（75ページ）を奪われたとき、このタイプのこどもたちはつぎの2通りの反応を示します。

↓ A パニックになって攻撃する

ひとつは、**感情混乱を引き起こしてパニックになる**という反応。突然、攻撃的になります。

衝動的な行動にも見えるのでＡＤＨＤと誤解されがちですが、この攻撃には〈感情〉が絡んでいます。つまり愛着の問題が原因です。

目つきや表情が一変して険しくなり攻撃的になるのですが、たいていの場合、その子のなかでは「フラッシュバック」が起きています。

「フラッシュバック」とは、ある言葉、あるモノ、何かしらのきっかけとなる人やモノに出会った瞬間に、以前経験したネガティブな感情がよみがえってきます。するとと激高し、いきなり暴言を吐いたり、殴ったりするのです。

そして、この攻撃行動は「しつこい」のが特徴。

たとえば眼鏡などの特定のモノを見ると必ず壊す、傘で壁に穴を開けつづける、相手に暴言を浴びせつづける……などの行為が止まらなくなります。

「やめなさい！」と止めに入られると、さらなるパニックが起こります。

感情が未発達であるがゆえに、自分でもどうしようもないくらい混乱してしまうのです。

コントロール不能なほどパニックになっていますから、止められれば止められるほど、状況は悪化します。

ただ、たいていは30分ほど経《た》てば落ち着きます。

↓B　固まって一時的にシャットアウトする

もうひとつは、**強く注意されると固まってしまう**という反応です。安心安全の居場所感を脅かされたと感じて、一時的にこころのシャッターを下ろしてかかわりを拒否するのです。

一時的に周囲をシャットアウトしているだけですから、やはりたいていは30分ほどすると自然に回復します。②の抑制タイプ（94ページ）のように、長期間にわたって関係を遮断するわけではありません。

ただ、心配した大人が「大丈夫？」「どうしたの？」などと声をかけてしまうと逆効果。シャットアウトの時間が長びき、数時間から数日にわたることもあります。

Aの突然の攻撃行動もBの固まる反応も、自分の居場所感を脅かされたことに対する防衛行動だということが、おわかりいただけたのではないでしょうか。

こうしたこどもの行動の問題は、間違ったかかわり方のために生じた二次障害と言えるもの。つまり、かかわり方をただしていけば、困った行動はなくなっていくということです。

では、どのようにかかわっていけばいいのでしょうか。

次章では、愛着の問題を抱えるこどもたちへの具体的なかかわり方について、お話ししていきましょう。

第3章

こどもの困った行動をまねく「まちがった」接し方

「愛着の問題」を抱えるこどもたちのさまざまな特徴をお話ししてきましたが、もし、お子さんの言動に愛着の問題の特徴を少しでも発見した場合、気をつけていただきたいことがあります。

それは、**困った行動に遭遇したときの〝接し方〟**です。

こどもの困った行動の原因が愛着の問題である場合、その**接し方しだいで、状況をより悪化させてしまうことがある**からです。

とくに一般的な子育てにおいて「いい」とされている対応が、逆効果になることがあります。

ここで思い出していただきたいのは、愛着の問題を抱えるこどもたちが**困った行動をする背景に、〈感情〉の問題がある**という点です。

POINT

困ったを増やす接し方①

とりいそぎ厳しく叱る

↓

叱られても学べない

こどもが困った行動をしたとき、大人はつい反射的に「そんなことしたらダメでしょ、やめなさい！」と叱ってしまうことがあります。

叱ることは、その行動をやめ、今後もしてはいけないと理解してほしくてすることですが、愛着の問題を抱えるこどもは、それを学ぶことができません。

なぜなら、自分の行動を反省して修正するには、**自分の気持ちを振り返る必要があるから**です。

愛着の問題を抱えるこどもは、感情の発達が未熟なため、この振り返りができません。自分で自分の気持ちがわからないのですから、当然です。もちろん相手の気持ちもわかりません。

そこで叱られてしまうと、こどもたちはさらに混乱します。

「なんだかわからないけれど、責められて嫌な気持ちが増えた」ので、相手を責めて自己防衛的になります。

叱るという対応は、こどもの嫌悪感や悲しみ、不安や怒りといったネガティブな感情を膨らませ、混乱した感情をさらに混乱させてしまうだけなのです。

叱れば叱るほど困った行動が増えてしまうタイプのこどももいれば（94ページ）、叱るといっさい口を聞いてくれなくなるこどももいます（95ページ）。

また、追いつめられるとパニックになり、攻撃行動を引き起こしてしまうこどももいます（97ページ）。

いずれにしても、「叱る」という対応は、愛着の絆がうまく結べていないこどもにとっての解決策にはなりません。

逆に、**叱って行動がなおるような子であれば、愛着の問題を心配する必要はない**

と言っていいでしょう。

↓「なぜ叱ってしまうのか」を知っておく

あなたが最近こどもを叱ったのは、どんなときだったでしょうか？

叱りたくないのに、つい叱ってしまう——そんなときのあなた自身の感情にも、意識的になっておくことが大切です。

思い出してみると、たいていは余裕がないときではないでしょうか。

急いでいて時間がなかったり、周囲の目が気になって恥ずかしかったり、親としてちゃんとしなきゃと焦っていたりと、あなた自身に余裕がないときに、こどもを叱っている可能性があります。

けれども、この〝とりあえず叱る〟はこどもを混乱させるだけで、事態の収拾にはつながりません。

目の前のこどもの行動を叱りそうになったときには、まず「**なぜ、その行動が問題だと感じるんだろう**」と**自分の感情にフォーカス**してみてください。

そこで自分の気持ちに気づければ、こどもへの伝え方も変わってくるからです。

↓現場の文脈と、こどもの気持ちを把握する

愛着の絆がきちんと結べているこどもは、叱られてもダメージを受けません。安心基地や安全基地があって守られていますから、指摘されたよくない部分を認めても、ネガティブな気持ちにならないからです。

叱られた行為を修正して報告すれば、また認めてもらえるとわかっているので、行動を正す意欲もわいてきます。

でも愛着の問題を抱えているこどもたちは、自分の感情がわかりませんから、叱られても混乱するだけです。

そして、ほとんどの場合、何を叱られているのか理解できていません。

もし、あなたに余裕があって、「この子はきっとこんな気持ちで○○してしまったのだな」と**こどもの感情を察知できたなら、それを言葉にして伝えてあげてください。**

叱ってしまう前に、気持ちの確認作業を差し込んでほしいのです。

そうすることで、こどもは自分の感情に気づき、学ぶことができます。
そして、それが安心・安全の絆が育まれていくことにもつながっていくのです。

POINT

困った行動を増やす接し方②

何をしても叱らない

↓

困った行動がエスカレートする

では、まったく叱らなければいいのかというと、それも違います。

愛着の問題を抱えるこどもは、「こんなことをしても叱られないんだ」と受けとめると、「これも叱られないぞ」「こんなことも平気だぞ」と**どんどん自己高揚して、やりたい放題やってしまう特徴がある**からです。

「お母さんは人前だと叱らないんだ」「先生は○○のときはそんなに怒らないな」と許される状況を探して、行動をエスカレートさせてしまいます。

暴れても好き勝手しても叱られずにいると、今度は「自分のほうが相手より上なんだ」と思うようになり、**自分を叱れない相手を舐めてしまう**のです。

そして、いつのまにか親や周囲の大人を支配するようになります。

「大人を支配する」とは、その子の命令に逆らうと暴れたりするので、しだいにそのこどもに対し腫れ物にさわるような対応をしてしまったり、こどもの言いなりになってしまいます。

なぜ、このようなことが起きるのでしょうか。

愛着の問題を抱えるこどもには、安心基地がありませんから、**「自分のほうが優位なんだ」という感覚を得ることで安心感を得ようとするため**です（56ページ）。

周囲が命令や支配に従えば従うほど、こどもの命令も支配もエスカレートしていくことになります。

↓ 怒ってしまったら、あとで必ずフォローする

私たち大人が罪悪感を抱くのは、こうしてエスカレートしたこどもの言動に思わず

カッとなって怒ってしまったとき。どうしても腹が立って、つい……、ということはあるわけです。

ただ、こどもにしてみれば、大人が勝手に燃え上がって火の粉を振りまいているとしか感じられませんから、嫌な感情が燃え広がって増幅するだけです。

「怒る」という行為は、お互いにとっていいことがひとつもありません。

もちろん一度嫌な気持ちに見舞われたからといって、未来永劫《えいごう》その気持ちのままということはありませんが、ネガティブな気持ちは長引くのが特徴です。どこかで気持ちを切り替えないと、お互いに嫌な気持ちを引きずってしまいます。

ですから怒ってしまった場合は、「さっきは怒っちゃったけれど、あなたを嫌な気持ちにさせたくて言ったわけじゃないんだよ」と、**あとで必ずフォローしてあげること**が大切です。

↓気持ちの切り替えは大人から

ところが、大人側に余裕がないと、叱ったあと何となくバツがわるくなって、フォローを省略してしまうことがあります。これがよくありません。

こどもは嫌な気持ちで混乱したまま放置されるわけですから、安心とはかけ離れた状態になります。それでは絆は結べないままになるばかりです。

強く怒ってしまったのはなぜなのか、何がよくなかったのかを、ちゃんとこどもに伝えてあげてください。

怒ってしまったタイミングからフォローまでの時間差は、あまりないほうがいいでしょう。

年齢が上がれば翌日でも受けとめてくれるかもしれませんが、小さいこどもであるほど、すぐのフォローが重要です。

あなたが自分の気持ちに素直に向き合えば、フォローは難しくありません。しっかりこどもをフォローできれば、それが同時にあなた自身の精神安定にもなります。

そして実は、こうした場面で **〝こどもの気持ちの切り替えを主導する〟ことが、愛着の絆を結ぶ大切なポイント**でもあるのです（くわしくは第4章でお話しします）。

POINT

困った を増やす接し方③

たくさん褒めて甘えさせる

↓

ただ褒めても、成長につながらない

最近は育児や教育の現場でもよく耳にする「褒めて伸ばす」という考え方。専門家も「こどもは叱ってはいけない、褒めるのがいい」とよく言います。

しかし、愛着の問題を抱えるこどもの場合、そう単純ではありません。ただ褒めてもその子の成長にはつながらないですし、褒め方を間違えるとちょっと大変なことになるからです。

愛着の問題を抱えるこどもは、自分から「褒めて」と要求することがあります。安心・安全の基地がないせいでつねに安心感を求めているため、「見て見て！ すごいでしょ！」と相手にアピールして要求に答えてもらうことで、一時的にポジティブな感情を得ようとするのです。

ただ、このポジティブな気持ちは持続しませんから、要求はすぐにエスカレートします。**こどもからの「褒めて」に応えてしまうと、「これも褒めて」「もっと褒めて」と、欲求がどんどん強くなってしまう**のです。

もちろん「褒められたい」というのは人の自然な欲求ですから、それ自体を否定するつもりはありません。ただ、こどもが大人に「褒めさせる」という状況をつくってしまうとよくないのです。

前項でお話しした命令がエスカレートしていく現象と同じで、褒めることがいつのまにか「おだてること」にすり替わり、支配関係に発展してしまうリスクがあります。

↓こころに届く「褒め方」のコツ

では、いったいどんなふうに褒めたらいいのでしょうか。

とりあえずでも、「がんばったね」「すごいね」「えらいね」と褒めれば、こどもはいい気分になりますが、この褒め方は欲求のエスカレート現象をまねきます。

なぜなら、こどもは何を褒められているかが、わからないからです。

具体的にどの部分が褒めどころだったのかを、しっかり大人が伝えてあげる必要があります。

その伝え方のポイントは、**そのときの〈感情〉と結びつけながら褒める**こと。

「片づけが上手ね。すっきりして気持ちがいいね」「○○ちゃん、自分の意見が最近言えるようになってきてうれしいね、えらいね」という具合です。

実は、愛着の問題を抱えるこどもの多くは、褒められたらどんな気持ちになればいいかがわかりません。

解釈をこどもに任せてしまうと、「親が喜ぶことをしたから褒められたんだ」「親に気に入られればいいんだ」などと勘違いしてしまうのです。

大人がいくら絆を意識しながら褒めても、これでは本末転倒。愛着の問題が進行してしまいます。

↓ 褒めるときの意識が大事

褒めるときには必ず、**「何を」褒めていて、それに伴う「どんな気持ち」が素敵だったのかを伝えてあげます。**こうしたやりとりのなかで、こどもは自分の感情を学んでいくことができます。


「褒めた結果、その子にどんな気持ちになってもらいたいのか」

「どんな気持ちを感じる子になってほしいのか」


いちばん重要なのは、褒めるときのこうした意識です。

意識的な意味づけがあるのなら、周囲からは甘やかしているように見えたってかまいません。

反対に、ただ機嫌がよくなるからと甘やかしていれば、こどもの成長にも、愛着の修復にもつながらないのです。

POINT

困ったを増やす接し方④

本人に理由や気持ちをまず尋ねる

↓

「どうして?」「なんで?」は禁句

こどもが困った行動をしたとき、大人は「どうしてそんなことをしたの?」「どんな気持ちでしちゃったの?」と、理由や気持ちを尋ねたくなります。

とくにその場に居合わせていないとき、実際に目撃していない場合、本人にその理由を聞くことが大切だと思いがちです。

けれども愛着の問題を抱えるこどもに対して、いきなり「なぜ?」「どうして?」と理由を聞いてしまうのはよくありません。

たとえば、あなたが親しい人のためによいことをしてあげたときに、相手から「なんで、こんなことしてくれたの？」と聞かれたら、どんな気持ちになりますか？「そんなこと、わざわざ言わなくてもわかってよ！」と思うのではないでしょうか。

自分をわかってくれているはずの相手から理由を聞かれるのは、ちっともうれしくありません。「え？　なんでわからないの？」とショックを受けてしまいます。

理由を尋ねる行為というのは、相手に「私はあなたのことがわからない」というメッセージを送っているのと同じなのです。

専門家のなかには、ネガティブな気持ちやトラウマは暴露させるほうがいいという方もいますが、愛着の問題を抱えるこどもには絶対にやってはいけません。理由や気持ちを聞けば必ず、嫌な気持ちが増幅して爆発してしまうからです。

↓まずはネガティブな気持ちをしぼませる

「なぜ？」と聞かれると、こどもたちは自己防衛的な理由を答えます。なぜなら、自分の気持ちがわからないからです。

「なんだかよくわからないけれど、すごく嫌な気持ちでパンパン」そんな状態になっていますから、そこで理由を聞かれると風船はパーンとはじけてしまいます。

ですから風船がはじけてしまわないように、まずはネガティブな気持ちをしぼめてあげることが先決なのです。

では、どうしたらしぼむのでしょうか。

それは、**他の気持ちを膨らませてあげること**です。その子が安心できる心地いい「何か」を提案して、注意を他に向けてあげるのです。

「何か」はその子が好きなことで、大人も一緒にできることであれば、なんでもかまいません。あなたの視点で見極めていただくのがいいと思います。

たとえば、「ちょっと一緒に歩こうか」とか「あっちでピアノを一緒に弾こう」など、別の方向へと気をそらすことで、こどもにはもうひとつの感情が生まれます。

すると、先ほどまで**膨らんでいたネガティブな気持ちはすうっとしぼみますから、その状態になってから理由や気持ちを聞いてみる**のです。

そうすれば、爆発せずに語れる可能性がぐっと高まります。

↓

聞く相手は、その場にいた大人
——まずは情報収集しよう

ですから、こどもが膨れっ面で帰ってきて、「あれ、どうしたのかな？」と思っても、**本人に理由は尋ねません。**まずは、その場にいた大人に聞いてみます。

園や学校の先生に聞いて、情報収集するのです。

もちろん状況によってできることとできないことがあると思いますが、そのうえで、「こんなことがあったんだって？　つらかったね、大変だったね」と共感の気持ちを伝えます。

ただし、くれぐれも「先生から聞いたんだけど……」とは言わないように。

まず大切なのはあなたとの関係性ですから、他の誰かの存在については触れなくていいのです。

POINT

困ったを増やす接し方⑤

こどもの話を聞く

↓

嫌な気持ちがどんどん湧いてきてしまう

こどもの話を聞いてあげることは、もちろん大切です。

叱ることや褒めることの効果と同じで、すでに自分の感情に対応できる力をもっているこどもの場合は、話しながら自分の気持ちに気づく〝こころの回路〟ができあがっているため、話を聞いてもらうと落ち着くことができます。

ただ、愛着の問題を抱える（感情が充分に育まれていない）こどもの場合、話さえ聞けばうまくいくわけではありません。

気持ちの仕分けができないため、**話していくうちに、逆にあれやこれやと嫌な思いがどんどん湧いてきてしまいます。**

腹は立つし、悔しいし、悲しいし、実はすごく嫌な気持ちだったじゃないか……とネガティブな気持ちの波がどーっと押し寄せ、爆発してしまうのです。

↓ こどもに感情移入するのはＮＧ

多くの場合、こどもは話しながら混乱してしまうのですが、そこで大人が気持ちの交通整理をしてあげることができれば問題ありません。

〝気持ちの交通整理〟とは、たとえば、**「つらかったね。でも、これはできてよかったね。そこからつぎはどうしたらいいかわかったね」**などのように、**こどもが感じている気持ちを、大人が言語化して共感と一緒に伝えてあげること**です。

ところが実際には、こどもの話を聞いているうちに、親のこころにも嫌な気分が渦巻いて、こどもと一緒にネガティブな気持ちになってしまうことがよくあります。

こどもに感情移入して、自分も混乱してしまうことがあるのです。

親はカウンセリングの専門家ではありませんし、たとえ傾聴について学んでいたとしても、うまくいかないことがあるのです。

ましてやわが子の話ですから、感情移入せずに話を聞くほうが難しいかもしれません。

人の「気持ち」とは、まさにそういうもので、意識していても必ずよけいなものが混ざり込んでしまいます。

とくにネガティブな気持ちは、一度湧いてくると別のネガティブな気持ちがつぎつぎに出てくる呼び水になってしまいます。

ですから、**こどもから話を聞くときのコツは、話を区切りながら聞いていくこと。**

ひとつの話を聞いたら、いったんストップして別のことをし（気をそらして）、そのあとでまた、つづきを聞きましょう。

こうすれば感情移入することなく、こどもの気持ちの整理につきあうことができるはずです。

POINT

困ったを増やす接し方⑥

困った行動をしたら無視する

↓ 愛着の問題を抱えるこどもには逆効果

こどもが困った行動をしてしまっても、いちいち取り上げずに無視しておけば、そのうちしなくなる……のでしょうか。

89ページでも、少しお話ししましたが、行動に対して反応や報酬が何もないと、その行動は評価されないために自然消滅していくという論理で、「計画的無視」とも呼ばれる手法があります。

ここで期待しているのは、**〈行動〉の消去**です。そのため、その子に愛着や感情の問題がなく、ＡＤＨＤだけがある場合には効果があります。

ＡＤＨＤのこどもは、いつでも落ちつきなく動き回っているのですが、同時にとても素直でかかわりやすいのが特徴です。

行動には問題があるけれど、そこに感情の問題は伴っていないので、とてもピュアで聞き分けがいいのです。

そうは言っても、世の中に行動の問題しか持ち合わせていないという人はほぼいません。**誰もが感情や気持ちの問題を抱えていますから、この計画的無視という手法はほとんどの場合、効果がありません。**

自分の行動を無視されたらどう感じるか、ちょっと想像すればおわかりだと思います。決していい気分とは言えませんよね。

愛着の問題を抱えるこどもたちは、無視されればされるほど、不適切な行動が増えてしまいます。「こっちを見て！」「これならどうだ！」と、もっと激しい行動でこちらを向かせようとするからです。

↓自己肯定感を低める原因にも⁉

たしかに、アピール行動をはじめとする愛情欲求行動は、一度応えてしまうとどんどんエスカレートするのが特徴ですから、応えずに無視しておいたほうがいいのではと考える方がいるのも理解できます。

でも、無視されたこどもはどう受けとめるでしょうか。

誰にもフォローされずに気持ちが置き去りにされてしまったのですから、「自分には価値がないのかもしれない」「誰にも相手にされない存在なんだ」という自己否定感を植えつけてしまうことにもなりかねません。いらだちを覚えて攻撃したり、もっとこっちを向いてほしくて激しい愛情欲求行動をすることもあります。

無視するという対応でその場をやり過ごせることはあるかもしれませんが、関係性を築くことにはまったく貢献しません。**本質的な解決にはつながらない**のです。

けれども残念ながら、応用行動分析や認知行動療法の専門家のなかにも、疑いなくこの方法を親御さんに推奨する方たちがいます。

POINT

困ったを増やす接し方⑦

いろんな大人がそれぞれにかかわる

↓

愛情のつまみ食い現象が起こる⁉

たくさんの人から可愛《かわい》がられて愛情を受けとるのは、素晴らしいことです。

ただ、**いろんな人がそれぞれに褒めたり甘やかしたりすると、実は愛着の問題は悪化**してしまいます。

残念ながら、それは家族間においても言えることで、母親や父親、祖父母などがみんな好き勝手にかかわると、こどもの愛着の問題が強まってしまうのです。

愛着は「特定の人」と結ぶ絆ですから、**「1対1」の関係**である必要があります。

それなのに、複数の大人から優しくされると、たとえ愛のあるかかわりであっても、こどもは混乱します。

いちばんに自分をわかって守ってくれる人はどの人なのか――〈安心基地〉〈安全基地〉（38、39ページ）としての存在が誰なのかが、わからなくなってしまうからです。

その結果、1対1でしっかり関係を結ぶことができず、接する大人みんなから少しずつ愛情をもらいたがるという「愛情のつまみ食い現象」が起こります。

この関係性では、こどもは「特定の人」をつくれていませんから、安心感も得られません。

たくさんの人から愛されているのにもかかわらず、愛着の問題がより色濃くなってしまうのです。

↓ 愛着を結ぶには、順番が大切

たとえば、母親には「ご飯を食べなさい」と言われ、父親には「宿題をしなさい」

と言われたら、こどもはどちらを優先すればいいのかわからなくなり混乱します。

大人は意図していませんが、**かかわりが一貫していないと、こどもにはちぐはぐなメッセージとして伝わってしまう**のです。

こどもの愛着を形成していくためには、特定の人との「1対1」の関係が深まるように、周りとの連携が欠かせません。

もちろん誰が愛情を注いでもいいのですが、まずいちばんはこの人で、つぎにこの人というように、**順番に関係を築いていく必要がある**のです。

その子にとっていちばん安心だと感じる相手が母親である場合、祖父母に褒められたときには、「褒められてうれしかったね」と母親が一緒に喜んで基地機能を担う必要があります。

こどもが混乱しないように、特定の人を意識したかかわりが重要なのです（くわしくは138ページ以降でお話しします）。

第4章

今からできる「愛情がしっかり伝わる」接し方

POINT

こどもが愛情を受けとれれば、困った行動は必ず減る

↓

困った行動は減らそうとしてはいけない

親であれば、わが子の困った行動をなんとかしたいと思うのは当然です。

ですから、ついわが子の行動にばかり目がいってしまいますが、親御さんに気にしていただきたいことは別にあります。

それは、〝**あなたの愛情がちゃんとこどもに伝わっているかどうか**〟です。

愛着の問題を抱えるこどもの困った行動は、親の愛情をしっかり受けとれるようになると、実は自然と減っていきます。

困った行動というのは、「愛情を受けとれていない」という、こどもからのサインなのです。

そこで重要になってくるのが、**愛情の「伝え方」**です。

こどもにしっかり届く愛情の伝え方——それは同時に、困った行動を減らすための伝え方であり、愛着を結ぶための伝え方でもあります。

親の愛情がちゃんと伝われば、こどもの困った行動は必ず減ります。

けれども、困った行動を減らそうとしても、愛情は伝わりません。

日々の生活のなかで意識すべきなのは、こどもの困った行動ではなく、あなたの愛の伝わり具合なのです。

↓ 伝えているつもりでも、伝わっていない⁉

こうお話しすると、多くの親御さんは「もちろん、愛情をたくさん伝えています」とおっしゃいます。

けれども、いくら大人が伝えているつもりでも、こどもに伝わっているとは限りません。自分が伝えているかどうかと、相手が受けとっているかどうかは、まったく別の話だからです。

たとえば、あなたがよかれと思ってしたことが、こどものしてほしいこととは違った場合、そこでいくらあなたが懸命に愛を伝えても、こどもに愛は届きません。

親が発信しているチャンネルとこどもが見ているチャンネルが違うので、伝わらないし受けとれないのです。

では、どうしたらいいのでしょうか。

答えは、ただひとつ。**こどもが見ているチャンネルで発信する**しかありません。

それを見つけるには、あなたの感受性を働かせる必要があるのです。

POINT

重要なのは、〝こどもの感受性〟を意識すること

↓

こどもの思いをできるかぎり「察知」する

先の項目でも述べましたが、こどもに愛情を受けとってもらうためには、「ただ伝える」だけでは不充分で、「伝えたことをこどもがどう受けとめているか」を察知する感受性が必要です。

感受性とは、相手の気持ちやその場の空気を感じとる力のこと。

愛着の問題は、実は**親子の感受性のすれ違いによる問題**とも言えます。

親が愛情を注いでいてもこどもが受けとれず、こどもが愛を求めていても親が気づ

けない――だから愛着の絆が結べずにいるのです。

ただし、ここで言う〝感受性〟とは、感じとる〝力〟が高いか低いかを問題にしているのではありません。あくまでも**意識の向け方の問題**になりますから、誰にでもできるものです。

こどもがどのくらい愛を受けとめられているかを知るには、まず大人がこどもの感受性に意識的になる必要があります。

こどもが何か別のことを考えているときにアプローチしても、愛情は届きません。「今はこっちを向いて受けとれるタイミングかな？　どうかな？」と親がアンテナを張って、察知する必要があるのです。

↓

親のタイミングではなく、こどものタイミングを見計らう

こどもの側からすれば、いろんな欲求があって親のところに行くのですが、親のタイミングと合わないことがたくさんあります。食事をつくっていたり、仕事のメールをしていたり、あるいはきょうだいの相手をしていたりと忙しい。

「あとでね」と言われてしまい、「今じゃなかった……」というタイミングがたくさんあるわけです。

そこでこどもが、「今は仕方ないな」と思えればいいですが、**「ちゃんと自分のことを見てくれない」と感じてしまうとよくありません。**

ですから、こどもには「あとで」と言ってしまうのではなく、**あなたのこころの扉が開いているタイミングを、ちゃんと教えてあげることが大切**です。

「ご飯のしたくが終わったらね」「このメールを送ったらね」と具体的に伝えてあげましょう。あるいは、いったん手を止めて、こどもを受けとめてあげるのももちろんいいでしょう。

こどものタイミングに寄り添うことで、感受性のすれ違いは防げます。

とくにＡＳＤのこどもは、独自のタイミングをもっていますから、親がタイミングをつかみきれていないと愛情の行き違いが起こりやすくなります。

だからこそ、「こういうときに届きやすいな」というその子ならではのタイミングを知っておく必要があるのです。

逆に、**こどもに親のタイミングを見計らえというのは酷**な話。それで愛情を感じられるこどもはまれでしょう。

相手の気持ちが今どこを向いているのか――**タイミングを察知するのは、こどもではなく、まず親の側**がすべきことなのです。

↓意識を向けるだけで大丈夫

とはいえ、難しく考える必要はありません。

日々の暮らしのなかで、「(うちの子は) どんなふうに受けとめているかな?」とこどもの感受性に意識を向けるだけで、見え方がだいぶ変わるはずです。

誰だって、こころに余裕があるときは感受性がよく働きますが、余裕がなくて意識が別のほうを向いていれば、働きにくくなるのも当たり前。

あなたにもこころの波があるのですから、なんでもかんでも察知しなきゃと神経質になる必要はありません。

こどもの感受性は、一緒に過ごすなかでちょっと意識を向ければ、誰でも自然に気づけるようになります。

大切なのは、この **〝ちょっとした意識〟** なのです。

では、具体的にどうかかわれば愛情がしっかりこどもに伝わるのか〈愛情が伝わる接し方①〜⑤〉についてお話ししていくことにしましょう。

この①〜⑤は、実際に愛着を結ぶための手順でもありますので、この順番を意識するのが、いちばん成功しやすいですが、必ずしも順番どおりでなくてもかまいません。

まずは、実践することがいちばん大切ですので、あなたが **気づいたときにできることから、はじめてみてもかまいません。**

POINT

愛情が伝わる接し方①

「1対1」で同じことを一緒にする

↓

まず「キーパーソン」になる

愛着とは、特定の人と結ぶこころの絆のことでしたね。

こどもが愛情をしっかり受けとれるこころを育むためには、愛着の絆を結んでいく必要があります。

そこで欠かせないのが「特定の人」の存在。こどもが絆を結ぶ最初の相手です。

他者からの愛をオープンに受けとれるこころを育むためには、まずどうしても「1対1」の関係性が必要なのです。

この特定の人の役割を担う人を、私は「キーパーソン」と呼んでいます。

おそらく、この本を読んでくださっている方のほとんどが、このキーパーソンを担おうとしてくださっているのだと思います。

その場合はまず、**自分がキーパーソンなのだという意識をもって**ください。

キーパーソンとは、いつもこどもと一緒にいる人という意味ではありません。その子のことを**〝（本人以上に）いちばんよく知っている人〟**のことです。

このキーパーソンが、こどもにとって〈安心基地〉〈安全基地〉〈探索基地〉の機能を果たす存在になっていくわけです。

まずはこどもの感受性を意識して、「この子はどう感じているのかな？」にアンテナを張ることからはじめます。

↓ ポジティブな感情になれる行動に〝誘う〟

ただ、「感受性」と言われても、何をどこで察知したらいいのかわからないという方もいるでしょう。

たしかに、こどもが「ねえねえ」とやって来たときに、いきなりその場でこどもの意識がどこに向いているかを察知しようとするのは、無理があります。

では、いつどこで察知すればいいのでしょうか。

こどもの感受性をいちばん察知しやすいのは、実は「同じことを一緒にやっているとき」です。だから感受性の確認も、何か一緒に活動をしてみることからはじめます。

そして必ず、ふたりきりで取り組みましょう。

このときのコツは、ただ一緒に活動するのではなく、親のほうから「これをするの、好きだよね？」とこどもに投げかけ、誘うことです。

あなたが「うちの子はきっとこう感じるだろう」と思うことと、実際のこどもの思いにズレがないか、「本当にそうかな？」と確認することからはじめてみます。

ひとつ注意したいのは、**「こどもに主導権を渡してしまわない」**こと。必ずあなたから誘います。

ただ待っていても、こどもの気持ちはなかなかキャッチできませんから、こちらからこどもの側へ受けとめにいって、確認するようにしましょう。

↓ “ひとりで楽しい”より“一緒が楽しい”をつくろう

何をすると楽しいかはこどもによってさまざまですし、やってみなければわかりません。とにかく誘って、その子が何を一緒にすると楽しめるのかを見つけていきましょう。

必ずポジティブな気持ちになれることに誘うのがポイントです。

どんなことでもかまいませんが、工作やお絵書き、植物のお世話やお料理など、勝ち負けがなく、同じ方向を向いて一緒に作業できるようなことがいいでしょう。

食事を一緒につくって食べたり、一緒に食べてから後片づけを手伝ってもらったりするのは、とてもいいシチュエーションです。

手伝ってもらうのが難しければ、一緒に食卓を囲んで「今日のご飯はね～、こんなふうにつくったんだよ」「スーパーですごく並んだんだよ」などと一緒に語り合うだけでもかまいません。

結果的にこどもが、**「この人は、自分がいい気持ちになれることに誘ってくれる」という感覚を得られることが大切**です。

↓ 感情は問わずに言い当てる

一緒に作業をしているときには、必ずこどもの気持ちを確認します。

うれしそうな顔をしていたら、そのままにしておかずに、**「○○して、楽しいね！」と言い当てて、ちゃんと気持ちを受けとめていることを伝えます。**

ここでは**決して「今どんな気持ち？」と、こどもに問うてはいけません。**

愛着に問題を抱えるこどもにとって、感情を問われるほど不安で嫌な気持ちになることはないからです。

こどもの感情は問うものではなく、キーパーソンであるあなたが言い当てて教えるもの。この理解が重要です。

また、一緒に活動するなかで「楽しいね、うれしいね」というポジティブな感情を言い当てる行為は大切ですが、**ネガティブな感情の言い当ては絶対にしません。**

ポジティブな感情は、たとえこどもが感じているものと少しくらいズレていても「そういう気持ちもあるかもしれないな」と広がっていく性質をもちます。

けれども、**ネガティブな感情の言い当てをして外してしまうと、こどもは裏切られたように感じ、関係性そのものにヒビが入ってしまう**のです。

ですから感情の言い当ては、ポジティブな気持ちに限定して行ってください。

こうした一緒の体験を重ねることで、こどもは「この人と一緒だと安心して楽しめるな」「この人は自分の気持ちをわかってくれているな」と安心基地（38ページ）の存在を感じとれるようになっていきます。

ただ年齢が上がると、一緒に活動する機会をつくるのが少し難しくなるのも事実です。忙しいとつい「また今度でいいや」と先送りしたくなりますが、チャンスは親がつくらなければ永遠にやってきません。

忙しいときにあえて「ちょっと手伝ってよー」「助けてよー」と誘って、一緒に何か活動する機会をつくってみてください。

つづけていけば必ず、絆が生まれます。

POINT

愛情が伝わる接し方②

情報収集して「こんなことがあったのね」と先取りする

↓

「あれ？」と思ったら、周囲から情報収集しておく

あなたはキーパーソンですから、〝その子のことを本人以上にいちばんよく知っている人〟でなければなりません。

かといって、四六時中ずっと一緒にいられるわけではありませんよね。

そこで大事になってくるのが、**その子と普段からかかわる他の大人たちとの連携**です。

キーパーソンは、一緒にいられなくてもつねに「その子のことをいちばんよく知っ

ている人」ですから、こどもの情報をキャッチしておく必要があります。

他の家族のメンバーはもちろん、園や学校の先生からも情報が集まるように手はずを整えておくのです。

はじめは抵抗感があるかもしれませんが、わが子のことですから、遠慮する必要はありません。聞いてみなければ先方がどう反応するかもわかりませんから、どんどんしつこいぐらいに聞いてください。

キーパーソンへの情報集約ができていれば、こどもの様子が何か違うなと察知したときにも、「何かあったの?」と問いただしたりせずに済みます。

こちらが先手を打って「こんなことがあったんだって? すごかったね。うれしかったね」と伝えて**ポジティブな感情に誘うことができる**のです。

↓

困った行動や失敗を知ったときは、「大丈夫」とフォローする

「一緒にいるといつもポジティブな気持ちにしてくれる人なんだ」という安心基地が

機能しはじめると、こどものなかには「この人なら、きっと困ったときも助けてくれるはずだ」という意識が芽生えます。

すると、「楽しい」「うれしい」というポジティブな気持ちだけではなく、今度は「悲しい」「くやしい」「できなかった」「こわいよ」というネガティブな気持ちも出てきても、この人が守ってくれると気づけます。

これが安全基地（39ページ）の機能です。

こどもが困ったことや失敗したことを伝えてくれたときは必ず、「大丈夫だよ」とフォローしてください。これもキーパーソンの大事な役割です。

ここで感情移入したり、「どうしてそんなことになったの？」と問いただしたりしてはいけません。「大丈夫だよ」「心配ないよ」とフォローして、こどものネガティブな気持ちをまず軽くしてあげるのです。

すると、こどもは「ネガティブなことを伝えても大丈夫なんだ」「必ず受けとめてくれる人なんだ」と感じ、安全基地としての機能を意識できるようになっていきます。

親としても、こどもがどんなときにいい気持ちになって、どういうときにつらい気持ちになるのか、よりクリアに察知できるようになるでしょう。

こうして関係性の基盤ができてくると、「今忙しいから」とタイミングが合わずにこどもを待たせてしまうことがあっても、こどもは「あとで必ず対応してくれるから大丈夫」と信頼してくれるようにもなるのです。

POINT

愛情が伝わる接し方③

「これ、してもいいよね?」を見逃さない

↓

こどもの「参照視」はいいサイン

「お母さん、このお菓子あけてもいい?」「お父さん、あのブランコ、乗ってもいい?」

こんなふうに、こどもが「行っていいよね?/していいよね?」と**キーパーソンに確認を求める行動を「参照視《さんしょうし》」**と言います。

こどもは、不安だから聞いているわけでもなければ、許しをもらおうとお伺いをたてているわけでもありません。

「いいよ」と言われるのはわかっていて、**気持ち的に99％は「やろう」と自分ですでに決めているけれど、最後の1％でキーパーソンに確認して背中を押してもらおうとしています。**

「もちろん、いいよ！」と答えてもらうことで、こどもは「よし、大丈夫なんだ」と自信をもって自立行動ができるのです。

この参照視は、ふたりのあいだの絆を確認する大切な行為です。親子間に〈安心基地〉〈安全基地〉機能ができあがっていることを意味しています。

反対に、こどもが参照視という確認作業をせずに好き勝手にやってしまうのは、自立行動ではありません。

残念ながら、親子のあいだに、まだ安心・安全の基地機能が育まれていないことを示しています。

↓「自分で判断しなさい」はＮＧ

ところが、この参照視を知らずに、「そんなこと、いちいち確認しなくていいよ。自分で判断しなさい」と反応してしまうことは、逆効果になります。

こどもは親から離れるのが怖くなり、「ひとりでできる」という確信もゆらいで消えてしまいます。

自立の強要は、たとえよかれと思っての対応であっても、かえってこどもの自立を遅らせるのです。

「参照視」は、こどもにとって大切な自立行動。

日常生活でのこどもからの「いいよね?」を見逃さずに、必ず「いいよ!」と答えて背中を押してあげてください。

こうした対応がこどもの自立を促し、意欲を育てることにつながります。

POINT

愛情が伝わる接し方④

報告には「わかるよ、その気持ち！」と共感する

↓

探索基地が働きはじめる

最初は一緒に何かしないと関係性が生まれませんから、わざわざ一緒に行うわけですが、日常の何気ない場面で「一緒にやって楽しめること」が増えるほど、こどもとの絆づくりはラクになります。

一緒に何かすることが習慣化してくると、こどもはやがて、キーパーソンと離れているあいだに起きた出来事やひとりでやったことを、帰ってきて報告してくれるようになります。

「きっとわかってくれるはず！」と思って報告してくれていますから、**必ず「わかるよ、その気持ち！」と共感してあげてください。**

「私も同じ気持ちになったよ」と伝えることで、あなたは〈探索基地〉の機能（41ページ）を果たしていることになるのです。

↓報告はけっして強要しない

この探索基地のかかわりで必ず意識していただきたいのは、こどもに「あったことをぜんぶ言いなさい」と、**報告を強要してはいけない**ということ。

うれしかった気持ちが一瞬で吹き飛んでしまい、せっかくできはじめた基地機能が台無しになります。つぎにつながる意欲もわいてこなくなってしまうので、報告は絶対に強要してはいけません。

心配になって、つい「どうだったの？」「何があったの？」と聞き出したくなりますが、**あなたのタイミングではなく、こどものタイミングを信じて待ってほしい**のです。

そしてこどもが、「あのときみたいな気持ちになったよ」「今度はちょっと違ってこんな気持ちになったよ」と自然に報告してくれたら、その気持ちをともに味わって感じてください。

ただ、こどもがなかなか報告できないようでしたら、誘い水として、その報告に近そうな話をしてみて**きっかけをつくってあげてもいい**でしょう。

〝親はこどもとかかわるなかで親になっていく〟とはよく言ったもので、親はひとりでに親になれるわけではありません。

相手の気持ちやタイミングを察知しながら、お互いの感受性を育んでいくことで、親と子の関係性が築かれていくのです。

POINT

愛情が伝わる接し方⑤

「今、こう思っているよね？」と気持ちを言い当てる

↓

「こんなにあなたが大切」はいちばん最後

親はつい、こどもに対して「こんなにあなたのことを思っている！」と伝えたくなってしまうものです。ですが、関係性（＝愛着の絆）ができていないうちは、いくら伝えてもこどもには伝わりません。

感情が未熟なこどもにとっては、どういった意味なのかがよくわからないですし、あるいは大きなプレッシャーだけを感じます。

するとこどもは、親の意に反した行動を平気でしたり、親の思いとはまったく別の

方向を向いたりします。
これがまさに、133ページでもお話しした感受性のすれ違いです。

↓

愛着の絆がゆるぎないものに

日々、こどもの様子を見ているなかで、あなた自身がかかわっていないことについても、「こんなふうに思ってやったんだよね?」と、**こどもの気持ちを言い当てることができるようになったとき、愛着の絆はしっかり結ばれていきます。**

そのとき、こどもは疑いなく「自分のことをちゃんとわかってくれる人だ」と受けとめてくれているでしょう。

あなたがこどもにとって、「そばにいなくても、つながっている」と思える存在になれているということです。

こうして、ふたりの関係性がゆるぎないものになってはじめて、大人はこどもに「あなたのことがこんなに大切なんだ」と伝えることができるのです。

POINT

愛着の修復は「気づいたときがいつでもチャンス」

↓

どの手順からはじめても大丈夫

さて、ここまでお話ししてきた〈愛情が伝わる接し方①～⑤〉、あなたの日常にも取り入れられそうな項目があったでしょうか。

愛情が伝わる接し方の解説の前にもお伝えしましたが、愛着をしっかり結ぶための接し方の手順ですので、その順番を意識することが大切です。

ですが、親子のこころの距離はさまざまですから、難しいときにはやりやすいところからスタートしてもかまいません。まず、一緒に何か活動しないと関係性の確認ができないので、①からスタートするのが望ましいですが、③からでも、④からでも大丈夫です。

専門家はよく「できるだけ状況を客観視しましょう」と言いますが、親である自分が親子関係を第三者の目線で見るのは、そうとう無理があります。

そこまでには至らないけれど、親側の思いだけでこどもとの関係をとらえずに、**こどもの思いへ意識を向けるだけで見え方が大きく変わる**はずです。そうすると、何よりあなた自身がラクになったと感じるのではないでしょうか。

「さっき言ったことはちゃんと伝わっているかな？」「どう伝わったかな？」

こどもがどう受けとめてくれたかを意識すれば、親の思いだけで突っ走ってしまわずに済むのです。

↓

「愛情が伝わる＝困った行動が減る」の法則を忘れずに

こどもの気持ちを意識しはじめると、あなたの側にも気づきが増えますから、いろんな思いがよぎると思います。

「あのとき、本当はこう対応すべきだったのに……」とか「あ、思わずいらぬことを言ってしまった」など、たくさん出てくるはずです。

でも、すべてを完璧なタイミングで行える人などいません。

ハッと気づいても気に病まず、**あとでフォローすれば大丈夫。**

あるいは、また似たタイミングがやってきたときに挑戦すればいいのです。

愛着の修復は、気づいたときがいつでもチャンスです。何度でもやり直すことができます。

行きつ戻りつをつづけていけば、必ず困った行動は減っていきますから、できるときに、できることをすれば充分なのです。

もし、こどもの**気になる行動が出ても、直そうと思わずに①〜⑤の接し方で対応**してください。

これが困った行動を減らすいちばんの近道です。

「愛情が伝わる＝困った行動が減る」の法則を忘れずに、お子さんとの絆を深めていただきたいと思います。

POINT

きょうだいがいる場合も「1対1」を意識して

↓

相性があるのは仕方ない

きょうだいがいる場合であっても、やはり1対1で一緒に何かをすることからはじめるのが基本です。

ただ、こどもによって、一瞬目を合わせただけで「一緒の活動をしている」と受けとめられる子もいれば、みんなの前で「ふたりだけ」を強調したり、多めにかかわってやっと「一緒」が伝わる子もいます。

ですから、かかわり方のタイミングや濃さを使い分けていく必要はあるでしょう。

人間関係は相性ですから、親子であっても合う合わないがあるもの。自分に似ているわが子の特徴を好きと思うか嫌いと思うかは、本人次第です。

家族をうまく回していこうと思ったら、相性のいい関係性のほうが心地いい。結局は感情の問題ですから、人間ならあって致し方ない部分なのです。

では、何に気をつけたらいいのでしょうか。

答えはやはり**「感受性を意識すること」**です。

どの子の気持ちにも意識を向けて、あなたが気づけているのなら問題ないですが、気づかずに他のきょうだいばかりに意識が向いている状況はよくありません。

気づいていることをふまえて、何かひとつかかわりを増やしてみる。

そうした心がけが大切です。

↓ きょうだいでパターン化しない

「一緒に何かすること」がいいのは、同じ活動をしたときに、こどもによって反応が違うことにもすぐに気づけるからです。

「上の子はここに気づくけれど、下の子はこっちなんだな」など、親がそれぞれの感じ方（＝感受性）の違いに気づいて察知できるようになると、関係も結びやすくなります。

逆に言えば、上の子で成功したかかわりのパターンが、下の子には通用しないという状況もよくあることです。

また、あなた自身の感受性との違いにも気づくでしょう。

自分と感じ方が似ている子の対応は難なくできるかもしれませんが、自分とはまったく違うタイプで察知しにくいという場合は、他の人の力を借りて対応しても問題ありません。

ひとつ注意したいのは、あなたが**「自分と違うな」と思っても、その事実はこどもに伝える必要がない**ということ。

こどもにはショックで、こころの負担となるからです。

共感できる部分を見つけて、ポジティブに伝えてあげましょう。

POINT

家族や周囲との"正しい"連携の仕方とは

↓母親がぜんぶやるって、誰が決めたの？

最近のお母さんたちはがんばりすぎだなと感じる場面によく出会います。

愛着形成におけるキーパーソンも、母親が担うのが当然のように思われがちですが、そんなことはありません。

愛着を結ぶ最初の相手は母親でなければならないという誤解が、まだ根強く残っているせいですが、まったくの間違いです。

有無を言わせず母親だけにその役目を押しつけるのは、大人としても社会としても無責任としか言いようがありません。

こどもの愛着の問題に気づいたら、**「じゃあ、誰がキーパーソンになる？」という相談からはじめましょう。**

誰が最初の絆を結ぶ人になるべきか、まず話し合うのが前提です。家族のなかで必ず、「あなたが／わたしがキーパーソンをやる」と取り決めをしてから取り組んでほしいのです。

もちろん、母親や父親だけに限ったことではありません。こどもにかかわる大人がみんなで取り決めを共有して、子育てをサポートする。そういう考え方にシフトしていく必要があります。

↓ キーパーソンで始まって終われば、途中は任せていい

こどもと愛着を結んでいくうえでは「1対1」の関係が必須ですが、だからといって何でもキーパーソンにお任せという意味ではありません。

キーパーソンが「この部分、誰かやってくれる？」と発信したら、チームの誰かが

手をあげて取り組めるような、負担感のない子育て環境を整えていくようにするといいでしょう。

そのためには、他の大人との連携が大切になるわけですが、その連携の仕方にちょっとしたポイントがあります。

「キーパーソンで始まり、キーパーソンで終わる」という役割分担の仕方です。

たとえば、機械的に「月水金は母親担当で、火木土は父親担当」と役割分担してしまうと、こどもは自分をいちばんよく知ってくれているキーパーソンが誰なのか、わからなくなってしまいます。

さらに学校や園でも優しい先生がいれば、「愛情のつまみ食い現象」（126ページ）が起こって愛着の問題がエスカレートする可能性もあります。

ですから、役割はただ分けるのではなく、**誰が「特定の人（＝キーパーソン）」なのかを明確にしておくことが重要**です。

そのためには、**「最初と最後をキーパーソンが担うようにする」**ことです。

母親がキーパーソン役の場合は、「じゃあ、火木土はお父さんの担当だからね」と**母親からこどもに伝えてスタート**します。

キーパーソンから始まれば、途中でさまざまな大人がかかわっても問題はありません。ただし、そこから**報告を受け、帰ってきたこどもの探索基地の役目を果たすのは、やはり必ずキーパーソン**です。

保育園や学校でも同様で、キーパーソンから始まってキーパーソンで終わるという体制をつくります。「今日はお母さんが○○先生にお願いしておいたからね」とこどもに伝えることで、こどもは「キーパーソンを通してつながっている人なんだ」と受けとめます。

周囲の大人との連携があれば、その子にまつわる情報がすべてキーパーソンに集約され、キーパーソンがいつも直接かかわらなくても「なんでも知っている人」になれるのです。

こうした連携体制が確立されると、キーパーソンは入口と出口さえかかわればいいわけですから、絆づくりがとてもラクになります。

↓ 祖父母の対応に要注意

ただし、普段あまりかかわりのない大人――たとえば祖父母などがキーパーソン体制を理解しないままこどもにかかわって、親子の関係を阻害することがあります。

もちろん、彼らに悪気はないわけですが、急に訪ねてきてキーパーソンの許可も得ずにモノを買い与えてしまったりすると、こどもは混乱します。

そういうときは、キーパーソンがあとから必ず「自分もあらかじめ知っていたんだよ」というニュアンスを込めて、「おばあちゃんに買ってもらったんだってね、うれしいね」と**キーパーソンの口から伝え直し、受けとめ方を修正してあげる**必要があります。

↓ たとえ協力者がいなくても大丈夫

このような連携体制がつくれたらベストですが、なかなかそうもいかないという方もいるでしょう。でも、心配ありません。

協力者が得られない場合は、**あなたの意識のなかで役割を切り分けます。キーパーソンとしての役割はきちんと担うけれど、その他の部分は気負わない。**そう仕訳を決めておくと、なんでもかんでも自分がやらなければと思わずにすみますし、ずっと負担が軽くなります。

切り分け方はシンプルです。

こどもの感受性を察知して、**3つの基地機能を意識できるかかわりは、すべて自分が担う。それ以外は力を抜いていい。**この2分割です。

たとえば、宿題などひとりでできることは本人任せで大丈夫ですし、保育園や学童のお迎えも、誰かにお願いして報告してもらえば問題ありません。

祖父母に食事の支度をお願いしても、あなたが一緒に食べて「おばあちゃんにお願いしておいたんだ。美味《おい》しいね」と伝える役割になれば、何も問題はないのです。

こどもにとって、**「自分にかかわることはすべてキーパーソンから始まっている」とわかる意味づけをしてあげれば、こどもは愛情を受けとれます。**

自分に起こることをこの人はちゃんと知っていて、アレンジしてくれているのだと伝わると、途中に誰かが介在していても、ふたりの絆として育まれるのです。

たとえ、うまくいかないことがあっても、気を落とす必要はありません。

愛着の修復は何度でもやり直しがききます。

そして何度失敗したからといって、愛着の支えさえあれば、こころは壊れたりするものではないのです。

第5章

忙しいママ・パパのための「セルフケア」

POINT

どんな子育てにも「こころの余裕」が必要

いかにこどもと気持ちよくかかわれているか

こどもと愛着の絆を育んでいくうえでもっとも大切なのは、思い入れの度合いでも、かかわる時間の長さでもありません。

こどもの気持ちやタイミングを察知するために必要なものは、**あなたの感受性**です。

親御さんのなかには、子育てにどっぷりのめり込んでいる方もいれば、もう解放されたくて仕方がないと嫌々子育てしているという方もいらっしゃいます。

両者はまるで正反対のタイプに思えるのですが、実は共通点があります。それは、子育てをあまりにも大変なことだと思いすぎている、ということです。子育てにはもちろん大変なことがたくさんあります。

ただ子育てには、大変なこと以上に喜びもあり、発見もあり、何より「ともに成長していける」すばらしさがあるものです。

でも、こころに余裕がなければ、大変さばかりを感じてしまいます。

疲れていたり、せっぱ詰まっていたりすれば、感受性の働きも鈍ります。すると、こどもとの絆も結びにくくなって、よけいに愛着の問題が生じるという悪循環をまねくでしょう。

あなたは、どう感じているでしょうか？　こころに余裕があるか否かを計るのに、とてもいい質問があります。

「今、あなたはお子さんと気持ちよくかかわれていますか？」

もし答えに迷いがあるのなら、こころの余裕が失われているかもしれません。

いかに親が気持ちよくこどもとかかわれているか――とてもシンプルですが、この状態を意識することが、何よりも〝いい子育て〟の原点なのです。

↓

「煮詰まったら、違うことをする」を意識する

「自分は気持ちよくこどもとかかわれているかな？」

そう問うてみて違和感があるのなら、**あなた自身がケアを必要としているタイミング**かもしれません。

日々、目の前でさまざまに変化するこどもの感情を見ていると、親御さんのほうもネガティブな気持ちの連鎖に巻き込まれてしまうことがよくあります。自分が負っていたトラウマ的な気持ちを、思い出してしまうのです。

すると、「自分はこんなにがまんしてきたのに」と爆発したくなったり、「こんなにひどいことを言ってくるこどものことなんて、もうやっていられない」と育児放棄したくなったり、「こんなふうに思ってしまう自分に子育てなんて無理だ」と全否定してしまうような心境になることもあるでしょう。

そんなときにまず必要なのは、**気分転換**です。

今とは違う方向を向いて、気持ちを鎮めることを目指しましょう。

できるだけ意識的に、**「煮詰まったら、違うことをする」というパターンをつくって習慣にしてください。**そんなあなたを察して「じゃあ、どこかお出かけしようよ」と誘ってくれるパートナーだったら最高ですが、自ら意識するだけでも気分が変わるはずです。

子育てのあわただしい日々のなかでは、何でも「今すぐやらなきゃ」と追い立てられているような気持ちになりますが、本当に今すぐ何とかしなくてはならないことは、実はそんなにありません。

あとからいくらでもフォローできるのですから、あなた自身の気分転換を優先したって問題ないのです。

POINT

「こどものことばかり」になっていたら要注意

↓

何をするとポジティブな気持ちになれる?

とはいえ親御さんの多くは、こどもを優先して自分を後回しにするクセがついていますから、たいていは自分に意識を向けるのが苦手です。ですから、疲れにも自覚的ではないかもしれません。

でも、これまで何度もお伝えしてきたように、親に余裕がないことによる影響をもっとも受けるのはこどもです。

まずは、親自身が、ポジティブないい気持ちでいることが最優先。

そのためには、**自分が何をするとポジティブな感情になれるのかを知っておく**必要があります。

体を動かしたり、出かけたり、お喋りしたり、何でもかまいません。自分が気持ちよくなれるシチュエーションを見つけてください。

↓ 自分が〝ほっとできる自分〟を意識する

ネガティブな気持ちというのは、一度とらわれるとさらなるネガティブを引き寄せるという性質があります。「不安だな」と考えはじめるとますます不安になりますし、落ち込んでいるときほど、いろんなことがネガティブに思えてきます。

これは、子育てに関しても同じです。

こどもを心配しはじめたらきりがありませんから、いつのまにか「こどものことばかり」になってしまいます。

それが毎日つづけば、苦しくてたまらないでしょう。

ですからそんなときは、そこから一旦離れて、ほっとできる自分でいることが、とても大切なのです。

↓あなたの「好き」をこどもとも共有しよう

ただ、心配性でなかなかこどもから離れられない方、罪悪感を抱いてしまう方もいるでしょう。

そんな場合は、**あなたの好きなことにお子さんを誘ってみる**のも、ひとつのやり方です。

もちろん無理強いはよくありませんが、こどもも楽しめてしまうのなら、子育てのリフレッシュと、こどもと一緒のかかわりが一度にできるのですから一石二鳥です。

お子さんの趣味につき合うよりも、ずっと負担感なく取り組めるでしょう。

あなたの「好き」を、お子さんと一度ぜひ共有してみてください。

POINT

ネガティブな気持ちを発散できる人、場所、作業をつくっておく

↓

できるだけ他の人に振り分ける

ひとりではどうにも対処できなくて苦しいときは、誰か受けとめてくれる人に話すのがいちばんです。

子育てに一生懸命な人ほど、自分ひとりで何でも抱え込んでしまいがちですが、そこをどうにかオープンにして、**発散できる存在をつくっておく**ことが大切です。

こどもにとっての基地機能と同じで、やはり私たち大人にも、話を聞いて受けとめてくれる人、共感してネガティブな感情を減らしてくれる人が必要なのです。

かといって、そんなに重々しい関係を意味しているわけではありません。

「この人といるとほっとするな」とか「この人と一緒だと気が紛れるな」という相手でいいのです。

とくに、自分「だけ」がやらなければいけないと思ってしまうと、しんどさは何倍にも何十倍にも感じられてしまいますから、子育ての課題も、いろんな人にシェアして、人に任せる部分をつくっておけると安心です。

もし、なかなかそんな相手はいないという場合は、**自分のお気に入りの場所を見つけておく**のもひとつの手段になります。

「ここに来ると、自分はほっとできて気持ちがいいな」という場所です。

あるいは、自分が没頭できる何かでもかまいません。

あなたにとってエネルギーになるものを意識してみてください。

↓ 主導権はあなたが握る

子育ての悩みで煮詰まっているとき、話を聞いてくれてアドバイスしてくれる第三者というのは、とても頼れる存在です。

ただ、ひとつ気をつけてほしいことがあります。

それは、**相談する相手に主導権を渡してはいけない**ということ。あなたの子育てですから、主導権は必ずあなたが握ります。

自分とは違う立場で、違う立ち位置から客観的に状況を見てくれる人の存在は大切です。ですが、その人の一言一句に右往左往させられてしまうような状況は、よくありません。依存してはいけないのです。

疲れていて、こころが弱っていると、気づかぬうちに影響力の強い人にコントロールされてしまったり、つけ込まれたりする場合もありますから、注意が必要です。

そう考えると、**悩みを相談する際にも、やはり複数の人に分散して話すのが最善**です。特定のひとりの意見だけに傾倒せず、いろんな人の話を聞いて、自分で決断するようにこころがけましょう。

↓ パートナーと歩み寄れないときは

大変なことを目の前にしたとき、人は大きく2タイプに分かれます。**「大変だからのめり込む人」と「大変だから逃げる人」**です。

向き合って何とかしようとするか、目を背けて逃げてしまうのか。どちらがよいわるいの問題ではありません。

ただ、こどもとのかかわりが思うようにいっていないとき、夫婦のあいだでこの対応の違いがあらわれることがよくあります。気持ちの方向が真逆を向いていますから、なかなか歩み寄ることが難しいのも実状です。

もし、あなたのパートナーが「逃げる人」であるなら、「こどものことをなんとかしなきゃ」という必要性も感じていないか、見ないようにしていますから、どうしたってあなたの思いばかりが一方通行になるでしょう。

そういう場合には、**パートナーではない第三者とのかかわりをつくりましょう。**

「そんなにのめり込まなくてもいいんじゃない?」と気軽に言ってくれる人です。

パートナーに対しても「こどもと一緒に野球観戦でもしにいく?」と誘ってくれる

ような人だったら、なおいいでしょう。

子育てや夫婦間の問題については、私たちはすぐに外部に対して「閉じて」しまいがちですが、たいていの場合、ふたりだけでなんとかしようとするより、第三者を挟んだほうがうまく解決します。

相手にとっては、ある意味で他人事ですから、その肩の力が抜けた気軽さが、当事者にはポジティブに働いてくれるのです。

ちょっと勇気を出して、パートナーではない誰かに一度相談してみてください。

POINT

「もうひとりの自分」はあなたの強い味方

↓

状況を客観視できるようになる

周囲の誰からも協力が得られず、発散できる相手も見つからないという場合は、あなたのなかに、**もうひとりの自分を意識してつくります。**

「そんなこと……」と思う方もいるかもしれませんが、自分自身を癒やすのに、とても効果があります。

自分のなかのもうひとりの自分は、いつでもあなたの強い味方だからです。

手紙やノートにメッセージを書いてやりとりしてもいいですし、こころのなかだけでやりとりしてもかまいません。

リアルな自分　「もうやってられないよ～」
もうひとりの自分　「わかるよ～」

という具合に、自分のなかのもうひとりの自分と対話をすることで、ネガティブな感情を消化していく方法です。

がんばった自分と褒めてくれる自分、弱音を吐く自分と励ましてくれる自分、グチをこぼす自分と共感してくれる自分……これも立派な関係性なのです。

もちろん、なんでも自分ひとりで解決すればいいということではありませんが、もうひとりの自分とやりとりをすることで状況を客観視できると、ネガティブな感情の連鎖に巻き込まれずに済むのです。

たとえば、「かまって」ばかり言うこどもについ怒ってしまって「ああ、またやっちゃった……」と罪悪感に落ち込んでしまうような場面でも、もうひとりの自分が「疲れているのかもしれないよ。ちょっと気分転換したほうがいいね」と言ってくれたらどうでしょうか？

もうひとりの自分の存在によって、自分を追い込むことなく、解決策を見つけられることもあるはずです。

↓

「近い将来」をポジティブに思い描く

実は、〝もうひとりの自分〟として、**「過去の自分から」「未来の自分から」という観点で、今の自分に語りかける**ことができます。

ただし、今までの自分の子育ては全部ダメだったんだとか、自分たちの将来もきっと無理に決まっているとか、過去や未来を否定してはいけません。

過去の嫌なことは思い出さずに置いておいて、近い将来を考えます。

自分についてもこどもについても、何十年も先のことは誰にもわかりません。ですから、今の〝ほんのちょっと先〟の未来を思い描いてみてください。

「今年は年長さんだけど、来年1年生になったら、もう少し自分の時間ができるかな。

そうしたら、これをやってみようかな」

こんなふうに、煮詰まっている今の気持ちを別の方向へと向けることができる——これが近い将来を思い描くことの魅力です。

ほんの少し先の未来をポジティブに思い浮かべることで、今はまりこんでいるネガティブな気持ちから解放されます。

↓ モノや場所との関係性を変えてみる

人との関係性だけでなく、モノや場所との関係性を変えてみるのも、気持ちのリフレッシュになります。

自分を取り巻く環境が変わると、あなた自身も変わります。あなたの意識や感情が変わるのです。

人間の感情というのは、とても繊細で、同時にとても柔軟です。そのため部屋の模様替えをしたり断捨離をしたりするだけでも、気持ちが大きく変わります。

風通しのよくなった空間で、新しい自分を発見することができるでしょう。

こどもの気持ちに寄り添いながらも、気持ちよくこどもとかかわるためには、「こころの余裕」がどうしても必要です。

このスペースは、意識しないとすぐに埋もれてしまいますから、こどものためだけではなく、自分のための余白をつねに少しだけ、つくっておく必要があるのです。

第6章

「こどもの行動につまずいたとき」の心がけ

——今すぐできる実践メソッド

↓
3つの工程で解決策が見えてくる

毎日の生活のなかでこどもの気になる行動が起こったとき、実際にはどんな対応をしていけばいいのでしょうか。

最後の第6章では、「どうしたらいいんだろう」とつまずいたときにすぐできる、具体的なメソッドについてお話ししていきます。

このメソッドは、いわば日々の〝心がけ〟のようなもので、つぎの①から③の3つの工程を繰り返し実践していけば、こどもの気になる行動は確実に減っていきます。

どんなにつまずきが大きいケースの場合でも、必ず方向性が見えてきますから、焦らず肩の力を抜いて取り組んでください。

行きつ戻りつを繰り返すうちに、こどものことも自分自身のことも、よく見えてくるようになります。あなたの感受性が生き生きと働き出すのです。

では、その実践メソッドをご紹介していきましょう。

気になる行動が出ているなと思ったら

STEP ①
こどもの気になる行動の原因を探ってみる

なぜ、こどもが困った行動をしてしまうのか／してしまったのか、まず理由を探ってみます。

どんな気持ちになったときにその行動が起こっているのか、何か理解に食い違いがあったのかなど、原因を書き出してみてもいいでしょう。思い当たらなければ誰か別の人に相談してもかまいません。

ひとつでも理由が明確になったら、そこから振り返って②に進みます。

STEP 2

自分のかかわり方が、こどもの行動にどう関係しているか確認する

こどもの気になる行動が、あなたのかかわりを通して起こっているのかを確認します。

よかれと思って行ったかかわりによって悪化したりしていないか（第3章でお話しした内容です）、その子のもつ特徴とかかわり方の相性（＝相互作用）を確かめます。

「逆にこうすると収まった、よくなった」など、自分のかかわり方とこどもの気になる行動との関係を整理します。

STEP ③ **かかわり方をひとつ変えてみる**

②での気づきをもとに、かかわり方をひとつ変えてみます。

困った行動の原因が、どうしようもないものではなく、かかわり方を変えることでどうにかなるものだとわかったら、必ず何かトライしてみたくなるものです。

もちろん、**あなたのこれまでのかかわり方を、後悔したり否定したりとネガティブに考える必要はまったくありません。**

単に、**その子の特徴とかかわり方の相性がよくなかったというだけ**ですから、そこを意識して振り返ってみると、「つぎはこうしてみよう」が、必ず出てくるはずです。

あれもこれもと考えず、まずは気軽な気持ちでひとつ試してみます。

←

結果として、気になる行動が減ったらOK。まだ改善されなかった場合は、①か②に戻ります。

いかがでしょうか？

こどもに困った行動があらわれた際は、ぜひこの3つの工程を行ってみてください。③でひとつ試してみて、どんな変化が起きるかを観察してみましょう。もし何か問題が出てきたら、また②の工程に戻ります。

この①から③を、行きつ戻りつ繰り返していけば、「もう何をしてもダメなんじゃないか……」と諦めかけていた困りごとにも、必ず解決策が見えてきます。

ではここで、お悩みの多い困った行動をいくつか例にとって、実践メソッドの進め方をご説明してみましょう。

ただ、ここでご紹介するのはあくまでも例であって、現実にはひとつとして同じケースはありません。

ですから、実際のシチュエーションでは、あなたとお子さんにとってやりやすい進め方で、実践してください。

困った行動1

なかなか片づけてくれない

STEP 1

まず「なぜ、片づけられないのか」その原因を探ってみる

親は、「どうして、ちゃんと片づけられないのか」が気になっています。

ただ、こどものほうは、「片づけたら気分がいい」という気持ちが理解できていないのかもしれません。まだ感情が育まれていないのです。

そもそも、こどもは親が望んでいる状況をわかっていない可能性もあります。そこで、あなたの感受性の出番です。

こどもが「どんなふうに受けとめているか」を振り返ってみます。

同時に、あなた自身が「こどもがどう感じているかをわかって言っていたかな？」と自分の言動も振り返ることができます。

←

STEP ②

自分のかかわり方が、こどもの「片づけられない」に関係しているかを確認する

あなたが自分のかかわり方を振り返ってみようと思えたら、こどもの受けとめ方（＝感受性）を探ります。

その結果、「どうして片づけてほしいかをちゃんと伝えないまま、ただ片づけなさいと言っていたな」と気づけるかもしれません。

あるいは、「こどもだけにやらせて、自分は一緒にやっていなかったな。一緒に片づけていないから、よけいに伝わらなかったのかな」と思い直せるかもしれません。

いずれにしても、あなたのかかわり方がこどもの行動にどう関係していたか、そのつながりが見えてきます。

STEP ③ ←

一緒に片づけてみる（＝かかわり方をひとつ変えてみる）

一緒にやってみたら、ちゃんと片づけることができたという場合は、一件落着。

一緒に片づけてもうまくいかない場合は、①に戻ってみます。

STEP ④ ←

「片づけられない」理由をもう一度探ってみる（STEP①を再度行う）

あなたにとっての〝片づいている〟と、こどもにとっての〝片づいている〟の認識が違っているかもしれないとも考えられます。

そこで、「この子にとって〝片づいている〟とはどんな状況なのか」を探ってみます。

こうして3つの工程を行きつ戻りつしていくうちに、解決策が見えてくるはずです。

困った行動2

かんしゃくを起こしてしまう

STEP 1

まず「なぜ、かんしゃくを起こしてしまうのか」その原因を探ってみる

かんしゃくが起こりやすいのは、「これがしたいのに！」を押さえつけられてしまったときです。

気持ちの食い違いで起こることが多いので、「待てよ、この子は今どんな気持ちになっているのかな？」と、どこで食い違いが起こったのかを探ってみます。

←

STEP 2
自分のかかわり方が、こどもの「かんしゃく」に関係しているかを確認する

かかわり方が、こどものかんしゃくを助長していないかを確認します。

振り返ってみると、「そういえば、何の前触れもなくいきなり『〇〇して』と言ってしまっていたな」「だから『違う！』という気持ちがわいてしまったのかもしれないな」と気づくかもしれません。

←

STEP 3
ワンクッション置いて伝えてみる（＝かかわり方をひとつ変えてみる）

今度はいきなり言わずに、「あとで〇〇するからね～」とあらかじめ伝えてみます。

すると、「しょうがないな、わかった。やるよ」という反応が、返ってくるかもしれません。その場合は、次回から「やってほしいことは、いきなり言わない」という方

針をとることができます。

タイミングはもちろん、人によってそれぞれ違いますが、①に戻って③まで実践してみると、必ずこどもの行動の原因が見えてきます。

困った行動3

攻撃行動をしてしまう

STEP ①

まず「なぜ、攻撃行動をしてしまうのか」その原因を探ってみる

こどもの行動には、どんな行動にでも、必ず原因があります。

攻撃性というのは、自分の思いと違うことを強いられたり、こころに嫌な気持ちがたくさんわき起こっていたりすると、強くあらわれる傾向があります。

また、人とのかかわり方がわからず、自分の思いをうまく伝えられないために手が出てしまう、という場合もあるでしょう。

とくに攻撃性が強く出ているときは、今この瞬間だけではなく「以前に何か嫌な経

験をしていないかな？」と振り返ってみましょう。

そうやって原因を探ると、「そういえば、この前のあのこと、放置していたかもしれない」と思い当たる節が見つかるかもしれません。

←

STEP 2

自分のかかわり方が、こどもの「攻撃行動」に関係しているかを確認する

こどもの攻撃行動を目の当たりにすると、たいていの場合、反射的に止めに入ってしまいます。けれども、こどもにとっては、それがいちばん嫌なことですし、混乱します。

ですから、もし、あなたが「やめなさい」と止めに入っている場合、そのかかわり方は、攻撃行動を増幅していることになります。

まず、この事実を知っておくのが先決です。

そして、自分のかかわりを振り返ってみます。

STEP 3

止めずに、他のことに誘って気をそらしてみる（＝かかわり方をひとつ変えてみる）

止めに入るのではなく、こどもが「いい気持ち」になるほうへと誘ってみます。殴ったり暴れたりしたことをとがめるのではなく、気分を違う方向へとそらすのです。

腫れ物にさわらないようにするということではありません。いったん横に置いておいて、親も一緒に違う方向を向くのです。

たとえば、体を動かすと気持ちが変わったりしますから、ちょっと背中をさわってあげて、興奮状態をおさめて別のことをしてもいいかもしれません。

とりあえず場所を変えてみるのもいいでしょう。無理に移動に促すのではなく、好きなことにそらしたりしてみましょう。どうしても難しいときは、前からではなくこどもの後ろから抱きしめて、どこかへ連れていってもかまいません。

違う方向を見ることで、結果的に攻撃性を出す必要がなくなることがよくあります。
時間が経てば、どうして嫌な気持ちになったかの理由も振り返れます。

ことが起きたその瞬間に、その場で全部なんとかしようと思う必要はありません。

タイミングを逃してしまったら、あとでもう一度やってみればいいのです。
できることを少しずつやっていきます。
この3工程は、「心がけ」ですから、何度行っても、いつ行っても問題ないのです。

おわりに

その子に合ったかかわりを見つけよう

ここまで読んでいただき、ありがとうございます。こどもとのかかわり方、接し方について振り返っていただくいい機会にしていただけたのではないかと思っております。

どの子にも共通した〝こうすればいい〟というかかわり方があるのでなく、**その子の特徴に合ったかかわりを見つけることが大切**なのです。

その子に合ったかかわりとは、**愛着という絆を結んでいける〈安心基地〉〈安全基地〉〈探索基地〉の働きを意識しながら、こどもにとって〝その基地機能を意識できるかかわり〟**と言えます。その子が安心・安全を感じて、いろんな意欲を発揮できる基盤を作っていくことが子育て、こどもとのかかわりで大事であることを、私はさまざまな愛着障害のこどもや大人とかかわり、支援しながら痛切に感じとってきました。

こどもとの情緒、気持ちでつながる絆、つまり**〝愛着の絆〟こそが、こどもの健やかな成長と、こころの支えに必要**なのです。

改めてお子さんとの関係を振り返っていただく中で、こうしてみようと気づいてくださったことがこの愛着の絆づくりにつながります。

そして、私たち大人もこれまでかかわった人たちとの間にこの絆を意識できる経験を多くされたことに気づかれたでしょう。人と人をつなぐ素敵な愛着の絆が、お互いの連帯、連携、ともに生きていく土台として大切だということを改めて気づいていただけたのではないでしょうか？　この本がその一端を担うヒントになれば幸いです。

米澤　好史

参考文献

『「愛情の器」モデルに基づく愛着修復プログラム』（米澤好史／福村出版）
『やさしくわかる！　愛着障害』（米澤好史／ほんの森出版）
『愛着関係の発達の理論と支援』（米澤好史編・著／金子書房）
『愛着障害・愛着の問題を抱えるこどもをどう理解し、どう支援するか？』（米澤好史／福村出版）
『事例でわかる！　愛着障害』（米澤好史／ほんの森出版）
『子育てはピンチがチャンス！』（米澤好史著・監修／藤田絵理子著／福村出版）
『愛着障害は何歳からでも必ず修復できる』（米澤好史／合同出版）

米澤好史（よねざわよしふみ）

和歌山大学教育学部教授／臨床発達心理士スーパーバイザー／学校心理士スーパーバイザー／上級教育カウンセラー／ガイダンスカウンセラー・スーパーバイザー。

1961年生まれ、奈良県出身。臨床発達心理学・実践教育心理学が専門。保育園や幼稚園、小中高や支援学校、医療福祉施設など、子育ての現場に自ら足を運ぶ。何千、何万というこどもに触れ、現場の視点を大切にし、支援者が元気になり納得できるを信条に、親や教育者、支援者へ“愛着の問題”解消のためのアドバイスを行っている。

また、保育・教育・福祉関係者から保護者まで、幅広い層を対象とした数々の講演会で講師としての実績も豊富に持つ。

著書に、『「愛情の器」モデルに基づく愛着修復プログラム』『愛着障害・愛着の問題を抱えるこどもをどう理解し、どう支援するか？』（福村出版）、『やさしくわかる！　愛着障害』『事例でわかる！　愛着障害』（ほんの森出版）、『愛着関係の発達の理論と支援』（金子書房）、『愛着障害は何歳からでも必ず修復できる』（合同出版）、共著・監修に、『子育てはピンチがチャンス！』（福村出版）がある。

発達障害？　グレーゾーン？
こどもへの接し方に悩んだら読む本

2024年1月3日　初版発行

著　者　米澤好史

発行者　太田　宏

発行所　フォレスト出版株式会社
〒162-0824 東京都新宿区揚場町2-18　白宝ビル7F
電話　03－5229－5750（営業）
03－5229－5757（編集）
URL　http://www.forestpub.co.jp

印刷・製本　中央精版印刷株式会社

ISBN978-4-86680-254-1　Printed in Japan